월배당 ETF

노티스

배당투자는 행군이 아닌 여행이다

여러분은 지금 어떤 투자를 하고 계십니까? 매일 MTS를 열어 주가를 확인하고, 조금이라도 오르면 팔까 고민하고, 내리면 잠을 설치고 계신가요?

저도 그랬습니다. 처음 주식투자를 시작했을 때, 제게는 단 하나의 목표만 있었습니다. 바로 수익률이었습니다. 수익률이 높아야 성공한 투자고, 남보다 수익률이 낮으면 왠지 뒤처지는 것 같았으며, 손실이 나면 실패한 투자가 되는 것이었죠.

과거의 저는 투자를 행군처럼 했습니다. 발에 물집이 생기도록, 피가 나도록 투자했습니다. 투자는 빠른 시간 안에 목적지에 도달해야만 하는, 오직 앞만 보고 달려가는 고된 행군이었습니다. 주변을

둘러볼 여유도 없었고, 중간에 멈출 수도 없었습니다. 그저 목표 수익률이라는 종착지를 향해 숨 가쁘게 달리기만 했습니다.

하지만 지금은 다릅니다. 배당투자를 하면서 모든 것이 달라졌습니다. 투자를 여행처럼 하게 되었죠. 여행은 행군과 다릅니다. 목적지에 빨리 도착하는 것이 중요한 게 아닙니다. 가는 길에 맛집에 들러음식을 먹고, 늦더라도 좋은 경치를 바라보며 사진을 찍습니다. 관광지에도 들르고, 잠시 멈춰 서서 풍경을 구경하기도 합니다. 그러다때로는 계획에 없던 곳에서 예상치 못한 기쁨을 발견하기도 합니다.

배당투자가 그렇습니다. 매달, 또는 분기마다 들어오는 배당금(혹은 분배금)은 여행 중 들르는 관광지와 같습니다. 최종 목적지에 도착하기 전에도 즐거움을 누릴 수 있습니다. 주가가 오르지 않아도 괜찮습니다. 배당금이라는 작은 선물을 계속 받으니까요. 조금이라도더 수익을 내야 한다는 강박에서 벗어나, 여유롭게 즐기면서도 목표에 도달하는 것, 그것이 바로 배당투자입니다.

많은 전문가들이 장기투자를 강조합니다. 그런데 아이러니하게도, 장기투자는 실천하기가 매우 어렵습니다. 왜 그럴까요? 대부분의 사람들이 투자를 행군처럼 하고 있기 때문입니다. 목표만 바라보며 오늘의 즐거움을 포기하고 달려갑니다. 그러다 중간에 지치고, 의심을 하다가, 결국 포기하게 됩니다. 끊임없이 "내가 지금 제대로가고 있는 걸까?", "다른 사람들은 벌써 도착했는데 나만 뒤처지는건 아닐까?" 하는 불안감에 시달립니다.

하지만 배당투자는 다릅니다. 투자를 여행처럼 만들어줍니다. 그래서 오랫동안 지치지 않고 투자를 할 수 있습니다. 매달 통장에 찍히는 배당금은 "당신은 잘하고 있다"는 신호입니다.

10년을 기다리지 않아도 됩니다. 이번 달에, 다음 분기에 작은 성과를 확인할 수 있습니다. 그 작은 성과들이 모여 여러분을 최종 목적지까지 데려갑니다.

저는 현재 매월 배당금으로 500만 원 이상을 받고 있습니다. 1년이면 6,000만 원이 넘는 돈입니다.

이 책에서 저는 어떻게 그런 수익을 만들 수 있었는지, 그리고 여러분도 어떻게 이런 시스템을 구축할 수 있는지를 낱낱이 공개하려고 합니다.

중요한 건, 인기 있는 종목이 반드시 좋은 건 아니라는 겁니다. 나에게 맞는 종목이 좋은 종목입니다. SCHD가 좋다고들 하지만, 과연 모두에게 좋을까요? 커버드콜에 대한 부정적인 시선이 있지만, 정말 모두에게 그럴까요? 저는 실전 투자자로서, 이론이 아닌 실제 경험을 바탕으로 이 질문들에 답하겠습니다.

이 책은 미성년 자녀를 둔 부모부터, 평생 월 500만 원을 받으며 살고 싶은 은퇴 준비자까지 모두를 위한 지침서입니다. 그리고 무엇보다, 투자를 행군이 아닌 여행으로 바꾸고 싶은 분들을 위한 책입니다.

행군은 힘듭니다. 하지만 여행은 즐겁습니다. 같은 길을 가더라도, 어떻게 가느냐에 따라 완전히 다른 경험을 하게 됩니다. 저는 지금 배당투자로 장기투자 여행을 하고 있습니다. 서두르지 않습니다. 중간중간 들어오는 배당금을 누리며, 복리라는 풍경을 감상하며, 천천히 그러나 확실하게 경제적 자유라는 목적지를 향해 가고 있습니다.

여러분도 행군을 멈추고 여행을 시작하세요. 자, 이제 함께 배당투자 여행을 시작해볼까요? 배당투자가 여행의 가장 좋은 동반자가 되어줄 것입니다.

PART
1
연봉보다 배당금이
많아지는 순간,
인생이 달라진다

월급의 굴레에서 벗어나기

저는 초·중·고·대학교 시절을 평범하게 보내며 늘 정해진 길을 묵묵히 따라왔습니다. 그리고 운이 좋게도 남들이 부러워하는 기업인 삼성에 취직했습니다.

하지만 막상 회사에 들어와 보니 현실은 달랐습니다. 매일 반복되는 일상, 출근과 퇴근만이 존재하는 회색빛 하루. 동기들과 커피를 마시며 나누는 대화 주제는 늘 비슷했습니다. "앞으로 어떻게 살아야 할까?", "집은 언제 살 수 있을까?", "누가 왜 퇴사를 했대?"

월급만 바라보며 사는 삶은 안전한 듯 보이지만, 사실은 너무나도 불안정한 것이었습니다. 회사가 나를 언제까지 책임져줄지 알 수 없고, 월급은 나의 시간을 갈아 넣은 최소한의 대가일 뿐이었습니다.

매일 같은 시간에 출근하고, 같은 보고서를 쓰고, 같은 회의에 참석했습니다. 월급은 따박따박 들어왔지만, 그것이 저를 자유롭게 하기보다는 더 단단히 붙잡아두는 족쇄 같았죠.

물론 그게 꼭 나쁘지만은 않았습니다. 그 생활에 익숙해져갔고, 익숙한 것만큼 편안한 것도 없으니까요. 하지만 저는 늘 생각했습니다.

'이대로는 안 된다. 언젠가는 다른 길을 가야 한다.'

그 막연했던 결심은 어느새 무의식에까지 스며들었습니다. 저는 서른네 살이 되면 무언가 새로운 일을 시작하겠다고 스스로와 약속했습니다. 그 무의식은 일상을 지배했고, 어느 순간부터 제 모든 이메일, SNS 등의 아이디에 '34'라는 숫자가 들어갔습니다. 마치 스스로를 세뇌하듯, 그 나이가 되면 반드시 다른 삶을 살겠다고 각인시킨 것이죠.

알에서 깨어나 밖으로

회사에 다니던 시절, 처음으로 일본 출장을 가게 되었습니다. 내 생애 첫 비행기, 첫 해외 경험이었습니다.

인천공항에서 비행기에 오르던 그 순간을 아직도 기억합니다. 창밖으로 점점 작아지는 서울의 빌딩들을 내려다보는데, 묘한 감정이 밀려왔습니다. '내가 지금까지 살아온 세계가 이렇게 작았구나.'

비록 업무차 방문이었지만, 교토의 거리를 걷는 동안 저는 계속 생각했습니다. 세상은 생각보다 훨씬 넓다는 것을요.

마치 알에서 갓 깨어난 병아리가 처음으로 세상을 보듯, 저는 그제야 깨달았습니다. 회사와 집을 오가며, 월급명세서만 들여다보던 제가 얼마나 좁은 세계에 갇혀 있었는지를요. 그 답답함은 귀국 후 더욱 커졌습니다. 다시 책상 앞에 앉아 있는 제가, 마치 다시 알 속으로 들어간 것만 같았습니다.

그러던 중 친구가 중국 배낭여행을 추천했습니다.

"한 번쯤은 제대로 된 여행을 해봐야지. 출장 말고 말이야."

친구의 말에 처음엔 망설였습니다. 회사 일도 있고, 돈도 아까웠으니까요. 하지만 결국 배낭을 메고 저는 떠났습니다.

중국은 제가 뉴스와 책에서만 접하던 것과 완전히 달랐습니다. 소득수준은 우리보다 낮았지만, 사람들은 저녁이면 공원에 모여 춤을 추고, 길거리에서 친구들과 장기를 두며 시간을 보냈습니다.

그들의 삶은 느렸어요. 아침 출근길에 뛰어가는 사람도 없었고, 점심시간이 되면 모두가 여유롭게 식사를 즐겼습니다. 그 느림이 처음에는 답답해 보였지만, 며칠을 지내다 보니 생각이 바뀌었습니다. 그들은 느린 게 아니라 여유로운 거였습니다. 삶을 살아가는 속도가 달랐던 거죠.

저는 문득 깨달았습니다. 한국에서의 저는 늘 뛰어다녔습니다. 출근하느라, 보고서 마감하느라, 회식 가느라, 밀린 일을 처리하느라. 그런데 정작 '왜' 뛰는지는 생각해본 적이 없었습니다. 그저 앞사람이 뛰니까 저도 뛰었을 테죠.

배낭여행을 마치고 한국에 돌아오면서, '이대로는 안 된다. 나도 내 속도로 살 수 있는 삶을 만들어야 한다'라고 다짐했습니다.

34세, 껍질을 깨다

그러는 사이, 제 나이는 서른네 살에 가까워지고 있었습니다. 오래 전부터 '서른네 살이 되면 새로운 길을 걷겠다'고 다짐했던 저는 결국 모든 것을 내려놓고 다시 중국행을 선택했습니다.

하이데거는 말했죠.

"알에서 나오지 않으면 새는 죽는다."

저 역시 제 껍질을 깨뜨려야 했습니다. 남들이 정해놓은 울타리 안에서, 초·중·고·대학교·직장까지 이어진 전형적인 길. 예전엔 제 길의 방향을 고민할 필요가 없었습니다. 그저 주어진 대로 걸으면 되었죠. 앞사람이 가는 곳으로 따라가고, 모두가 하는 대로 따라 하면 그만이었습니다.

하지만 그 길 위에서, 저는 단 한 번도 주체가 되지 못했습니다. 선택은 늘 다른 누군가의 몫이었습니다. 부모님이, 학교가, 회사가 정해준 길을 묵묵히 걸었을 뿐이죠. 안전해 보였지만, 그 안전함 속에서 저는 점점 작아지고 있었습니다.

내 시간의
주인이 되는 법

잠들어 있을 때도 돈이 들어온다는 것

워런 버핏은 말했습니다.

"잠들어 있을 때도 돈이 들어오는 방법을 찾아내지 못한다면, 당신은 죽을 때까지 일해야 한다."

이 말은 처음에는 그저 투자 격언처럼 들렸습니다. 하지만 곱씹을수록, 이것은 돈 버는 기술에 대한 조언이 아니라 삶의 방식에 대한 질문이라는 생각이 들었습니다. 자기 시간의 주인이 되어 살아갈 것인가, 아니면 평생 자기 시간을 팔며 살아갈 것인가.

로버트 기요사키도 같은 맥락에서 말합니다.

    평생 월 500만 원 받는 월배당 ETF

"가난한 사람과 중산층은 돈을 위해 일한다. 부자는 돈을 일하게 만든다."

저는 오랫동안 '돈을 위해 일하는 사람'이었습니다. 월급을 받기 위해 출근하고, 월급이 끊길까 봐 회사에 매달리는 삶. 성실히 일하면 안전할 거라 믿었지만, 그렇게 평생을 살아도 진짜 자유는 오지 않는다는 걸, 저는 어느 순간 깨달았습니다.

회사라는 틀 안에서만 머물면, 우리는 평생 그 틀의 크기만큼만 살 수 있습니다. 회사가 허락하는 만큼의 휴가, 회사가 정해준 월급, 회사가 원하는 시간에 출근하고 퇴근하는 삶.

하지만 스스로 돈의 흐름을 만들어내는 파이프라인을 구축하면, 우리는 그 틀에서 벗어날 수 있습니다. 월급이 아니라 배당금이, 노동이 아니라 자본이 나를 먹여 살리는 순간, 그때 비로소 우리는 자기 시간의 주인이 되는 겁니다.

그래서 저는 껍질을 깨기로 했습니다. 서른네 살, 모두가 미쳤다고 말렸지만, 저는 삼성을 떠나 중국으로 향했습니다. 그것이 돈의 파이프라인을 만들기 위한 저의 첫 번째 발걸음이었습니다.

세상은 생각보다 넓다

중국 상하이로 어학연수를 떠났을 때, 제 마음속엔 두 가지 감정이 동시에 자리했습니다. 낯선 환경에 대한 설렘과 직장이라는 밧줄을

놓아버렸다는 불안감.

비행기에서 내려 상하이의 습한 공기를 처음 들이마셨을 때, 저는 문득 무서웠습니다. '내가 지금 뭘 하고 있는 거지?', '삼성이라는 든 든한 울타리를 스스로 박차고 나왔는데, 여기서 내가 무얼 얻을 수 있는 걸까.' 며칠은 그 불안과 설렘 사이에서 잠을 설쳤습니다.

하지만 상하이 교통대학교의 중국어 수업에 들어가면서, 모든 게 달라졌습니다. 같은 반 친구들은 제가 상상하던 평범한 어학연수생 이 아니었어요.

한국에서 대기업 임원으로 일하다 명예퇴직한 50대 아저씨가 있 었습니다. "이제 중국어 배워서 무역업 해보려고." 그는 태연하게 말 했습니다. 강제 퇴사 후 중국에서 재기를 노리는 40대도 있었고, 중 국 의류 공장과 거래하려고 온 사업가도 있었습니다. 호주에서 온 20대 청년은 "1년간 아시아를 여행하면서 중국어를 배우는 중"이라 고 자신을 소개했고, 프랑스에서 온 30대 여성은 "파리에 중국인 관 광객이 너무 많아서 중국어가 필요하다"라고 말했습니다. 일본에서 온 60대 할아버지는 은퇴 후 취미로 중국어를 배우러 왔다고 했죠.

나이도, 국적도, 직업도, 목적도 모두 달랐습니다. 하지만 이들에 게는 한 가지 공통점이 있었습니다. 각자의 방식으로 자기 삶을 살 고 있다는 것. 누가 정해준 길이 아니라, 스스로 선택한 길을 걷고 있 다는 것이었습니다.

그때 비로소 실감했습니다. 우리나라에서는 30대 중반이면 대부 분 비슷한 삶을 살게 됩니다. 직장 다니고, 결혼하고, 아이 낳고, 집사려고 대출받고. 그게 정상이고, 그게 정답이라고 생각합니다. 하지만 상하이에서 만난 사람들은 모두 다른 정답을 가지고 있었습니다.

투자소득이라는 새로운 문

중국 생활에도 조금씩 적응해갈 무렵, 현지 모임에서 중국 증권사에 근무하는 중국인을 알게 되었습니다. 당시 중국 주식시장은 뜨거운 열기로 들끓고 있었습니다. 호기심에 그를 따라 증권사 객장을 방문했을 때, 저는 놀라운 광경을 목격했습니다. 많은 중국인들이 도시락을 싸들고 와서 하루 종일 주식투자에 몰두하고 있었습니다. 자본주의에 가장 늦게 눈뜬 나라인 중국에서 아이러니하게도 자본주의의 꽃이라 불리는 주식투자에 대한 뜨거운 열정을 마주하게 된 것입니다.

그날, 증권사에 다니는 그 지인이 자신의 계좌를 보여주었습니다. 월급 외에도 꾸준히 들어오는 투자 수익이 있었습니다. 당시 직장을 그만둔 저에게 그 순간은 마치 한 줄기 빛을 발견한 것과 같았습니다. 새로운 가능성이 눈앞에 펼쳐지는 순간이었습니다.

그날 밤, 저는 잠을 이룰 수 없었습니다. 그전까지 저는 성실히 일해서 월급을 받는 것이 당연하다고, 그게 유일한 삶의 방법이라고 여겼던 사람입니다. 하지만 그건 틀렸습니다. 근로소득에는 분명한 한계가 있었습니다. 내가 아플 때 혹은 나이가 들어 일을 멈추게 될 때, 그때 소득은 0원이 됩니다. 일을 멈추는 순간, 돈의 흐름도 멈추는 것입니다.

하지만 투자소득은 달랐습니다. 우리가 잠을 자든, 여행을 가든, 심지어 아파서 누워 있어도 세상은 쉬지 않고 돌아갑니다. 기업들은 계속 제품을 만들고, 사람들은 계속 물건을 사고, 경제는 계속 성장합니다. 그리고 그 성장의 과실이 주주인 투자자에게 돌아가는 것이죠.

여기에 복리라는 마법이 더해지면, 돈은 스스로 돈을 낳습니다. 100만 원이 110만 원이 되고, 110만 원이 121만 원이 되고…. 시간이 지날수록 기하급수적으로 돈이 불어나는 겁니다. 우리가 손가락 하나 까딱하지 않아도요.

이 깨달음은 제 삶의 방향을 완전히 바꿔놓았습니다.

03

주식투자, 감정과의 전쟁

주식투자에 발을 들이다

그렇게 저는 주식투자에 발을 들여놓았습니다. 처음에는 재미있었습니다. 남들이 좋다고 말하는 종목들을 매수했더니 수익이 났습니다. 이렇게 한두 번 수익이 나면서 '주식투자가 나하고 잘 맞는구나. 드디어 내가 가야 할 길을 찾았다'라고 생각했습니다.

하지만 현실은 호락호락하지 않았습니다. 어느 날 갑자기 주가가 폭락하자, 어제까지 +15%였던 수익률이 하루 만에 -5%가 되었습니다. '팔아야 하나? 더 떨어지면 어떡하지?' 밤새 주가 차트만 들여다보며 잠을 이루지 못했습니다.

계좌 잔고는 널뛰기를 반복했습니다. 어느 날은 수익이 났지만, 어느 날은 손실이 났고, 수익의 기쁨만큼 손실의 고통도 컸습니다. 솔직히 말하면 손실에 따른 스트레스가 수익의 기쁨보다 훨씬 컸습니다.

주가가 오를 때는 '더 오를까?' 하는 욕심이 생겼고, 떨어질 때는 '더 떨어지면 어쩌지?' 하는 두려움이 엄습했습니다. 이성적으로 판단해야 한다는 것을 알면서도 감정이 앞섰습니다. 그리고 그 감정에 휘둘릴 때마다 더 큰 손실로 이어졌습니다.

'주가의 등락에 일희일비하지 않고, 꾸준히 수익을 낼 수 있는 방법은 없을까?'

결국 그 질문이 저를 지금의 배당투자자 길로 이끌었습니다. 하지만 그건 나중의 일이었어요. 그 전에 저는 먼저 다른 길을 걸어야 했습니다. 바로 사업소득이라는 길이었습니다.

안정적인 현금흐름을 찾아서

투자를 하면서 감정의 기복에 휘둘리지 않으려면 안정적인 소득원이 필요했습니다.

마침 그 무렵, 주변 학부모들이 자녀 영어 교육 고민을 자주 털어놓곤 했습니다. 수요는 분명했고, 영어 교육은 주식시장과 달리 비교적 안정적인 수익을 기대할 수 있는 분야였습니다. 그렇게 저는 영어학원을 열게 되었습니다.

학원은 한동안 든든한 버팀목이 되어주었습니다. 주식시장이 요동쳐도 매달 들어오는 수업료 덕분에 마음이 한결 가벼웠습니다.

하지만 그 안정감은 오래가지 않았습니다. 갑자기 불어닥친 코로나19가 모든 것을 바꿔놓았습니다. 대면 수업이 중단되고 학생 수는 급격히 줄었습니다. 설상가상으로 건물주가 계약 연장을 거부하면서 학원을 더 이상 운영할 수 없게 되었습니다.

결국 저는 학원을 접을 수밖에 없었습니다. 그때 저는 사업소득도 외부 변수 앞에서는 속수무책일 수 있다는 것을 깨달았습니다.

배당금이라는 작은 샘물

그 허탈한 시기를 지나던 어느 날, 휴대폰 알림창에 뜬 메시지가 제 마음을 붙잡았습니다.

'삼성전자 배당금 입금'.

금액은 크지 않았습니다. 처음엔 '이걸로 삼각김밥이나 하나 사 먹겠네' 하고 웃었지만, 그 적은 금액은 점점 커져 한 달 휴대폰 요금과 관리비 일부를 감당할 만큼 늘어났습니다. 작은 샘물이 흘러 강이 되듯, 배당은 제 계좌 속에서 조용히 흐름을 만들고 있었습니다.

저는 점차 배당에 눈을 뜨기 시작했습니다. 주가의 등락에 흔들리는 대신, 꾸준히 배당을 모아가는 것에 집중했습니다. 주가 그래프는 바람 앞의 갈대처럼 흔들렸지만, 배당은 강물처럼 묵묵히 흘렀습니다.

배당투자란 기업이 벌어들인 이익의 일부를 주주들에게 나눠주는 '배당금'을 받는 것에 집중하는 투자 방식입니다. 그중에서도 저는 개별 주식이 아닌 '배당 ETF'에 주목했습니다. 그 이유는 다음과 같습니다.

개별 종목에 투자할 때는 매일이 전쟁이었습니다. '이 회사 실적은 괜찮을까?', '경쟁사가 신제품을 냈는데 영향을 받지 않을까?', 'CEO가 구설수에 올랐는데 주가가 떨어지지 않을까?' 등 하나의 종목을 보유하면 그 회사와 관련된 모든 뉴스에 신경을 곤두세워야 했습니다.

하지만 배당 ETF는 달랐습니다. 하나의 ETF 안에 수십, 수백 개의 기업이 담겨 있으니까요. 한 기업이 실적 부진을 겪어도 ETF 전체에는 큰 타격이 없었습니다. 어떤 ETF들은 각각 수십 개의 우량 배당주에 분산 투자되어 있었습니다.

더 중요한 것은 ETF의 자동 관리 시스템이었습니다. ETF가 추종하는 지수에서 어떤 기업이 퇴출되면, 그 기업은 자동으로 ETF에서도 제외되었습니다. 반대로 새롭게 편입되는 우량 배당기업은 자동으로 ETF에 들어왔습니다. 제가 할 일은 많지 않았습니다. 리밸런싱도, 종목 교체도, 운용사가 알아서 해주는 셈이었습니다.

마치 계란을 한 바구니에 담지 않는 것처럼, 배당 ETF는 이미 리스크를 분산해놓은 상품이었습니다. 게다가 상한 계란을 자동으로 골라내고 신선한 계란으로 교체까지 해주는 것이었죠.

더 놀라운 것은 심리적 변화였습니다. 예전에는 주가가 떨어지면 심장이 철렁했습니다. '손실이다, 빨리 팔아야 하나?' 밤잠을 설치며 고민했습니다. 하지만 ETF 배당투자를 시작한 후로는 주가 하락이 두렵지 않았습니다. 오히려 반가웠습니다. '오, 떨어졌네? 싸게 살 수 있겠는걸.'

ETF 배당투자의 핵심은 '수량 모으기'입니다. 많은 주식을 보유할수록 받는 배당금★도 많아지는 구조입니다. 그러니까 주가가 싸면 같은 돈으로 더 많은 주식을 살 수 있습니다. 마치 세일 기간에 물건을 사듯이 말이에요.

★ '배당금'은 기업이 이익을 내고 주주에게 나눠주는 보상성 현금입니다. 삼성전자가 주주에게 주는 건 배당금이죠. 반면 '분배금'은 ETF·펀드가 보유 자산에서 발생한 수익(배당·이자·옵션 프리미엄 등)을 투자자에게 나눠주는 금액입니다. 이 책에서는 편의상 배당금과 분배금 모두를 '배당금'으로 지칭합니다.

04

ETF 배당투자가 만든 기적

오르면 좋고, 떨어져도 좋은 투자

예전에 시세차익만을 노리고 투자를 할 때는 방향이 하나뿐이었습니다. 무조건 주가가 올라야 했습니다. 주가가 상승해야만 수익이 나고 목적을 달성할 수 있었죠. 떨어지면? 그건 곧 실패를 의미했습니다.

하지만 배당투자는 양방향 모두 의미가 있습니다. 주가가 오르면? 좋습니다. 시세차익이 나니까요. 내가 1만 원에 산 ETF가 1만 2,000원이 되면, 나는 2,000원의 차익을 얻습니다. 게다가 배당금도 계속 들어옵니다. 주가가 떨어지면? 역시 좋습니다. 더 싸게 수량을 늘릴 기회니까요. 내가 1만 원에 산 ETF가 8,000원으로 떨어지면, 나는 추가로 더 많은 ETF를 모을 수 있습니다. 나중에 주가가 다시 오를 때 그 수량만큼 더 큰 수익을 얻게 됩니다.

이것이 배당투자의 마법입니다. 오르면 오르는 대로 좋고, 떨어지면 떨어지는 대로 좋은 것이죠. 일반 주식투자에서는 상승만이 답이었지만, 배당투자에서는 하락도 기회가 되었습니다.

그리고 배당투자를 시작한 후로는 주가 차트를 거의 보지 않게 되었습니다. 그 대신 배당금 입금 내역을 봅니다. 매달 초와 중순에 계좌에 찍히는 배당금, 그 숫자가 조금씩 늘어나는 것을 보면 뿌듯했습니다. 주가가 오르내려도 배당금만큼은 꾸준히 들어오니까요.

'이게 진짜 투자구나.'

과거 시세차익만을 노릴 때는 주식투자가 행군과 같았습니다. 앞으로 가지 못하면 실패하고, 멈춰 있어도 실패하는 것이었죠. 고행을 뚫고 무조건 수익이 나야만 성공하는 것이었습니다.

하지만 배당투자는 달랐습니다. 행군길에 멈춰 서도 괜찮았습니다. 오히려 시간이 지날수록, 보유 기간이 길어질수록 유리한 게임이었습니다.

물론 배당투자에도 단점은 있습니다. 성장주들의 주가가 크게 상승할 때, 상대적으로 배당주들은 가치가 더디게 오르는 경향이 있기 때문입니다. 시장이 열광할 때 배당주 투자자는 소외감을 느낄 수 있습니다.

그래서 저는 배당투자만을 고집하지 않았습니다. 성장과 배당을 동시에 추구하는 전략을 세워 실천하고 있습니다. 안정적인 현금흐름을 만들면서도, 성장의 과실을 함께 누릴 수 있는 방법을 찾은 것이었죠. 구체적인 방법은 앞으로 차차 설명하겠습니다.

눈덩이처럼 커진 수익금

처음 배당투자를 시작했을 때만 해도 반신반의했습니다. 매달 들어오는 배당금이 정말 내 삶을 바꿀 수 있을까?

하지만 시간이 흐르면서 배당금은 눈덩이처럼 커졌습니다. 처음에는 한 달에 몇만 원이던 배당금이 수십만 원이 되었고, 어느새 수백만 원을 넘어섰습니다.

제 계좌 중 하나인 미래에셋증권의 수익을 공개하겠습니다. 2023년 1월 1일부터 2025년 10월 28일까지, 약 2년 10개월 동안 실제로 증권 계좌에 찍힌 숫자입니다. 이 기간 동안 제 계좌는 총수익(토털 리턴, 평가 차익+배당 이익)으로 약 1억 5,000만 원, 아내 계좌는 약 5,000만 원을 기록했습니다.

두 계좌를 합하면 2억 원이 넘는 성과입니다. 특히 중요한 점은 이 수익 중 상당 부분이 '현금흐름'이라는 사실입니다. 최근 1년간 제 계좌에서는 약 3,160만 원의 배당금이, 아내 계좌에서는 약 1,220만 원의 배당금이 들어왔습니다. 두 계좌에서 발생한 배당금만 합해도 4,300만 원이 넘으며, 이 배당금은 대부분 다시 재투자로 이어져

복리 효과를 키웠습니다. 평가 차익까지 더하면 제 계좌의 총수익률은 약 88%, 아내 계좌는 약 62% 수준이고, 두 계좌를 통합한 평균수익률은 75%를 훌쩍 넘습니다.

저와 아내는 위 계좌와 별도로 절세계좌도 운용하고 있고, 딸 계좌도 분리해서 투자하고 있습니다. 그리고 앞으로 차차 설명하겠지만, 저는 '3배(삼배) 전략'과 '2weeks(투윅스) 전략' 등을 통해 더 좋은 성과를 거두고 있습니다.

저는 특별한 사람이 아닙니다. 사람들이 취업을 위해 수많은 회사의 문을 두드리듯, 저는 장기적으로 우상향하면서 매월 현금흐름을 만들어주는 '장우현(장기적으로 우상향하는 현금흐름의 줄임말) ETF'를 찾아 꾸준히 모아왔을 뿐입니다.

이 책에는 제가 시행착오를 겪으며 배운 모든 것을 담았습니다. ETF 배당투자가 무엇인지, 종목 리밸런싱은 어떻게 하는지, 연령대별로 포트폴리오는 어떻게 구성하는지 등이죠.

제가 할 수 있었다면 여러분도 할 수 있습니다. 이 책이 그 여정의 시작점이 되어드릴 것입니다.

"월급은 우리의 시간을 판 대가지만,
배당은 우리에게 시간을 되돌려주는 선물입니다."

노동으로 버는 돈은 소중하지만,
자본이 벌어오는 돈은 자유를 가져다줍니다.
이제 여러분의 시간을 돈과 바꾸는 삶에서,
돈이 여러분을 위해 시간을 벌어다주는 삶으로 건너가세요.

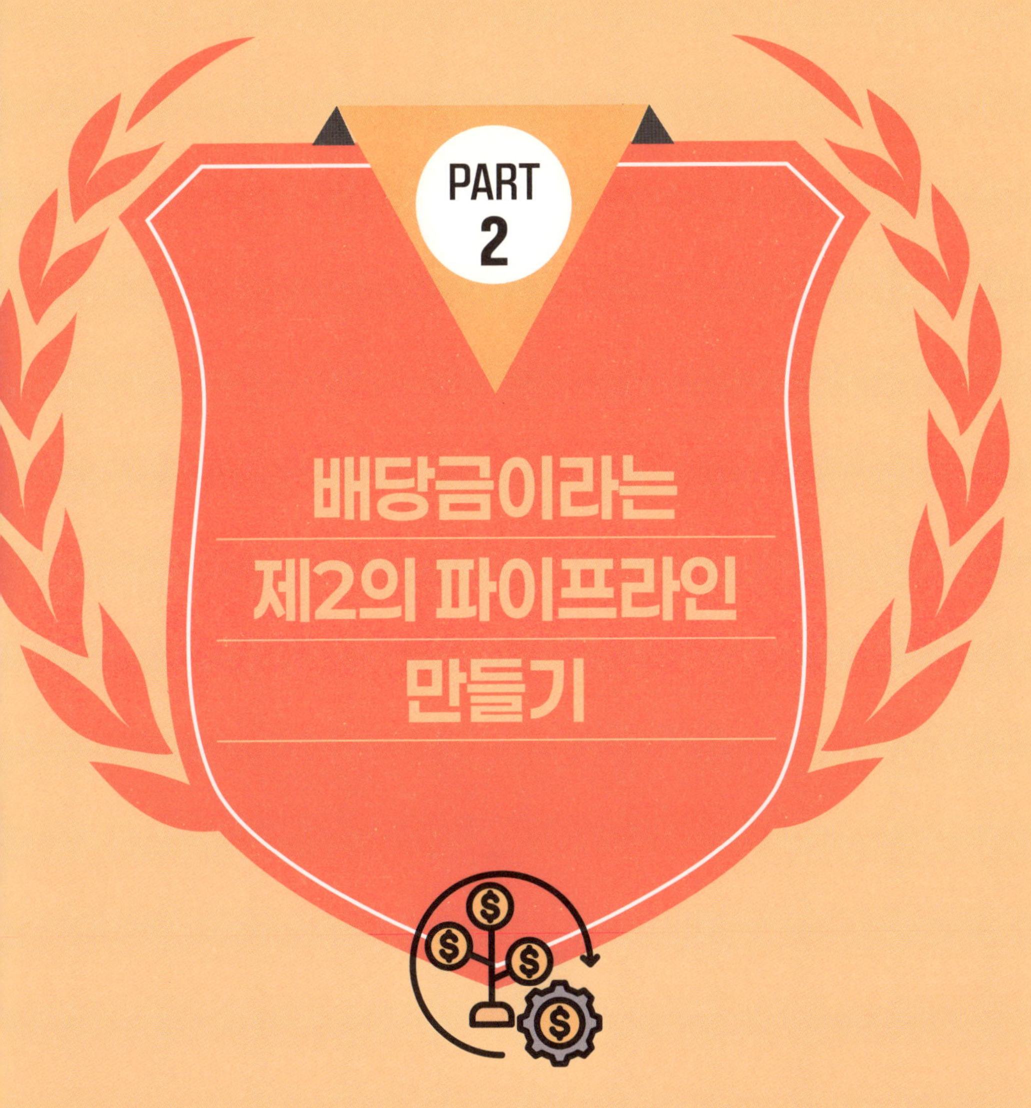
PART
2
배당금이라는
제2의 파이프라인
만들기

죽을 때까지 마르지 않는 우물을 만들어라

인생은 100세 시대라고 합니다. 의학기술이 발전하면서 평균수명은 계속 늘어나고 있죠. 통계청에 따르면 2023년 기준 한국인의 기대수명은 남성 80.6세, 여성 86.6세입니다. 그리고 이 숫자는 매년 조금씩 더 늘어나고 있습니다.

하지만 월급은 어떨까요? 대개 60세면 정년을 맞습니다. 운이 좋아 임원이 되거나 전문직으로 일하지 않는 한, 대부분의 직장인은 60세 전후로 월급이 끊깁니다. 실제로는 더 이릅니다. 기업의 구조조정이나 명예퇴직으로 인해 50대 중반이라는 이른 나이에 퇴직을 맞이하는 경우도 흔합니다.

평생 모아도 적자가 되는 노후

그렇다면 60세부터 100세까지, 40년이라는 긴 시간을 어떻게 살아가야 할까요? 25세에 취업해 60세에 퇴직한다면 일한 기간은 35년입니다. 그런데 은퇴 후 시간이 40년입니다. 일한 시간보다 은퇴 후 시간이 더 길다는 뜻입니다.

게다가 은퇴 후에는 돈을 벌지 못하는데, 지출은 계속됩니다. 의료비, 요양비, 각종 보험료 등 나이가 들수록 필요한 돈도 많아집니다.

다음 그래프를 봅시다. 통계청이 발표한 '1인당 생애주기 적자 추이'입니다. 한 사람이 태어나서 노년에 이르기까지, 소득과 소비의 정도가 어떻게 변하는지를 한눈에 보여주는 자료입니다.

▶ 1인당 생애주기 적자 추이

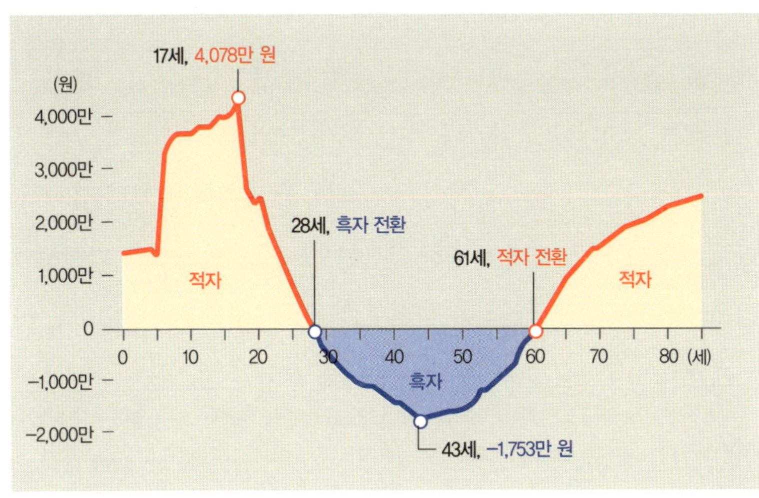

출처 : 통계청

먼저 빨간색 선은 적자 구간입니다. 태어나 학교를 다니는 동안에는 소득이 거의 없기 때문에 소비만 발생합니다. 부모가 교육비와 생활비를 대신 부담하는 시기죠. 17세 무렵 적자 폭이 가장 크게 나타나는 이유도 바로 이 때문입니다. 이후 성인이 되어 일을 시작하면 적자 폭이 점차 줄어들고, 28세를 전후해 처음으로 흑자 전환이 일어납니다.

파란색 선은 흑자 구간입니다. 28세부터 약 60세까지는 소득이 지출을 웃도는 시기입니다. 직장에서 안정적으로 급여를 받고, 일부를 저축하며 자산을 쌓을 수 있습니다.

그래프를 보면 40대 중반 무렵 흑자 폭이 가장 커지고, 그 이후에는 점차 감소하다가 61세에 다시 0원 수준으로 내려옵니다. 그리고 61세 이후에는 다시 적자 구간(빨간색)으로 진입합니다. 은퇴로 소득이 거의 사라지지만 생활비는 계속 들고, 고령일수록 의료비 등 필수 지출이 오히려 증가하기 때문입니다. 소득 없이 지출만 지속되기 때문에 노년의 적자는 해마다 커질 수밖에 없습니다.

문제는 적자의 규모입니다. 흑자 시기(파란색)인 20~60대 동안 아무리 열심히 모아도, 노년기에 소비해야 할 적자는 그보다 큽니다. 다시 말해, 현역 시절에 형성한 자산만으로는 노후 지출을 감당하기 어렵다는 것이 이 그래프가 말하고자 하는 핵심 메시지입니다. 이 그래프만 봐도, 왜 대한민국 직장인에게 투자가 필수인지 분명해집니다.

국민연금과 퇴직금으로는 부족하다

만 65세부터는 국민연금을 받을 수 있다고 안심할 수 있지만, 현실은 다릅니다. 현재 국민연금 평균 수령액은 월 60만 원 수준입니다. 최대로 받아도 월 200만 원을 넘기 어렵습니다. 이 돈으로 40년을 살 수 있을까요. 식비, 의료비, 통신비만 해도 월 200만 원을 훌쩍 넘습니다. 게다가 물가는 계속 오릅니다.

퇴직금은 어떨까요? 35년을 근속했다고 가정하면 퇴직금으로 1억 원에서 2억 원 정도를 받을 수 있습니다. 적지 않은 돈이지만, 40년을 살기에는 턱없이 부족합니다. 1억 원을 40년으로 나누면 연 250만 원, 월 20만 원입니다. 국민연금 60만 원과 합쳐도 월 80만 원 정도입니다.

결국 노후는 무조건 적자가 될 수밖에 없다는 이야기입니다. 들어오는 돈보다 나가는 돈이 훨씬 많습니다. 이 적자를 메우려면 아르바이트를 하거나, 모아둔 자산을 조금씩 갉아먹으며 살아야 합니다. 이것이 준비 없이 맞이하는 노후의 현실입니다.

창고형 노후 vs. 우물형 노후

많은 사람들이 은퇴를 이렇게 준비합니다. 직장생활을 하는 동안 열심히 저축해서 목돈을 만들어놓는 것이죠. 5억 원, 10억 원, 혹은 그 이상을 모아놓으면 노후가 안전할 거라고 생각합니다.

하지만 여기에는 큰 함정이 있습니다. 퇴사하거나 은퇴하면 월급이 끊깁니다. 그 순간부터 우리는 그동안 모아놓은 자산을 하나씩 꺼내 쓸 수밖에 없습니다. 마치 창고에서 쌀을 꺼내 먹는 것과 같습니다.

창고에 쌀이 아무리 많아도 계속 꺼내 먹으면 언젠가는 바닥이 납니다. 10억 원이 현금으로 있어도 매달 500만 원씩 쓰면 17년이면 다 떨어집니다. 그래서 사람들은 불안합니다. '이 돈이 언제까지 버틸까?', '더 아껴 써야 하나?' 걱정이 끊이질 않습니다.

그런데 배당투자를 하면 달라집니다. 배당투자는 창고가 아니라 우물을 만드는 것입니다. 그것도 물이 마르지 않는 우물이죠. 우물에서는 물을 퍼내도 다시 물이 차오릅니다. 오늘 물을 떠도 내일 또 물이 나옵니다. 쓸수록 줄어드는 것이 아니라 계속해서 새로운 물이 솟아나는 겁니다. 배당금이 바로 그렇습니다.

배당주를 보유하면 매달, 혹은 매 분기마다 배당금(분배금)이 들어옵니다. 원금을 건드리지 않아도 현금흐름이 생기는 것이죠. 10억 원의 배당 포트폴리오가 연 5%의 배당금을 준다면 어떻게 될까요. 원금을 유지한다고 가정할 경우, 매년 5,000만 원의 현금이 들어옵니다. 마치 마르지 않는 우물과 같습니다. 물을 길어 올려도 샘물은 계속 솟아오릅니다.

창고에 쌓인 쌀을 꺼내 먹으면 쌀은 점점 줄어들지만, 우물은 물을 퍼내도 마르지 않습니다. 창고형 노후는 불안과 함께 살아가는 것이고, 우물형 노후는 안정과 함께 살아가는 것입니다. 여러분은 어떤 노후를 준비하시겠습니까?

멈추지 않는 스노볼, 배당투자 복리의 힘

복리란 쉽게 말해 '이자에 이자가 붙는 원리'입니다. 원금에서 발생한 수익을 재투자하면 그 수익이 다시 새로운 수익을 만들어낸다는 것이죠. 마치 작은 눈송이가 구르며 거대한 눈덩이가 되듯, 복리는 시간이 흐를수록 자산을 기하급수적으로 불려줍니다.

워런 버핏은 자신의 삶을 '복리 효과의 산물'이라 정의했습니다. 그가 세계 최고의 부자가 된 비결은 화려한 기술보다, 복리의 힘을 믿고 긴 시간 묵묵히 자리를 지킨 인내에 있었습니다.

50세 이후 폭발한 워런 버핏의 자산

많은 이들이 간과하는 사실이 하나 있습니다. 워런 버핏이 일궈낸 막대한 자산의 대부분은 그가 50세가 넘은 이후에 형성되었다는 점입니다. 그가 뒤늦게 투자의 천재라도 된 것일까요? 아닙니다. 그는 11세에 첫 주식을 샀고 20대부터 본격적으로 투자를 시작했습니다. 그렇게 수십 년간 쌓아온 복리의 힘이 마침내 임계점을 넘어 폭발한 것입니다. 실제로 30대 초반 100만 달러, 40대 초반 3,400만 달러 수준이었던 그의 자산은 초반에는 아주 완만하고 지루하게 보일 만큼 더디게 움직였습니다.

그러나 50대 초반이 되면 자산은 약 3억 7,600만 달러로 급증합니다. 약 10년 동안 자산이 10배 이상 뛴 것입니다. 그리고 60대 초

> 워런 버핏 자산 증가 추이

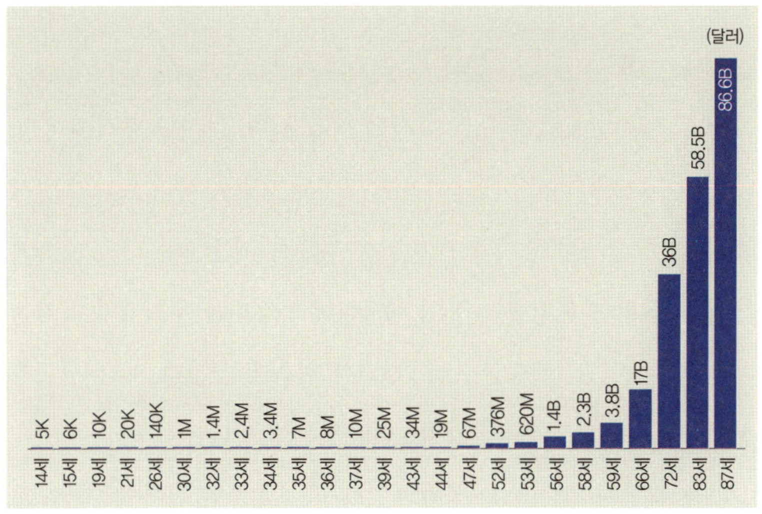

반에는 약 38억 달러, 70대 초반에는 360억 달러로 증가합니다. 83세가 되었을 때는 무려 585억 달러, 87세에는 866억 달러를 돌파합니다.

이것이 바로 복리의 힘입니다. 초반에는 거의 움직이지 않는 것처럼 보이다가, 시간이 누적되면서 어느 순간부터 기하급수적으로 폭발하는 것이죠. 사람들이 "버핏은 50세 이후에 부자가 되었다"라고 말하는 이유도 바로 이 때문입니다.

배당투자의 복리도 그렇게 작동한다

배당투자도 마찬가지입니다. 배당투자는 매달 들어오는 배당금으로 현금흐름을 만드는 것이 1차 목표지만, 장기적으로는 복리 효과를 통해 자산을 기하급수적으로 불릴 수 있다는 것도 아주 중요한 장점입니다.

배당금을 받아 그 돈으로 다시 주식을 사면, 늘어난 주식에서 또 배당금이 나옵니다. 이 과정이 반복되면서 강력한 복리 효과가 발생하죠.

예를 들어 연 배당률 10%인 배당주에 1억 원을 투자했다고 가정해봅시다. 1년 뒤 배당금으로 1,000만 원을 받습니다. 이 배당금을 전액 재투자하면 투자금은 1억 1,000만 원이 됩니다.

다음 해에는 1억 1,000만 원의 10%, 즉 1,100만 원이 배당금으로

 평생 월 500만 원 받는 월배당 ETF

들어옵니다. 이를 다시 재투자하면 투자금은 1억 2,100만 원으로 늘어납니다. 이런 방식으로 추가 납입 없이 배당금만 계속 재투자해도, 10년 후 총투자금은 약 2억 5,940만 원이 됩니다.

물론 이것은 단순화한 계산으로, 반드시 이렇게 되는 건 아닙니다. 배당금을 지급하면 배당락이 발생해 주가가 배당금만큼 하락합니다. 만약 주가가 다시 회복되지 않는다면, 배당금을 재투자해도 실질적인 자산 증가는 크지 않을 수 있습니다.

그래서 진정한 배당 복리 효과를 누리려면 배당투자와 동시에 성장투자도 병행해야 합니다. 저는 이것을 '성배(성장과 배당) 전략'이라고 부르는데, 이는 3장에서 상세히 설명할 예정입니다.

성장과 배당을 갖춘 종목에 꾸준히 투자하면, 시간이 지날수록 배당금이 배당금을 낳는 구조가 만들어집니다. 처음에는 늘어나는 금액이 크지 않아 보이지만, 시간이 갈수록 자산 증가 속도는 점점 빨라집니다. 이것이 바로 워런 버핏의 자산 그래프가 후반부에 급격히 상승하는 이유, 즉 복리의 힘입니다.

투자로 한 번에 큰돈을 벌어야만 자산가가 되는 게 아닙니다. 매달 얻는 소득의 일부를 꾸준히 투자하고, 받은 배당금을 다시 투자하는 것만으로도 충분히 자산가가 될 수 있습니다.

배당투자에서 복리 효과를 만드는 가장 중요한 조건은 바로 '시간'입니다. 처음에는 적었던 배당금이 장기로 꾸준히 투자하다 보면 조금씩 성장합니다. 초기에는 증가 속도가 더디게 느껴지고 답답할 수 있습니다.

하지만 워런 버핏의 그래프를 다시 떠올려보세요. 그도 초기에는 자산이 더디게 늘었습니다. 배당투자도 마찬가지입니다. 초기에는 시간이 느리게 가지만, 일정 시간이 지나면 증가 속도가 빨라집니다. 배당금 자체가 늘어나고, 그 배당금으로 추가 매수한 주식에서 또 배당금이 나오면서 복리가 작동하기 때문입니다.

문제는 대부분의 사람들이 초반 2~3년을 견디지 못한다는 점입니다. 조급함 때문에 시간이 만들어줄 폭발 구간을 보지 못하고 중간에 하차하고 맙니다.

결국 꾸준한 시간 투자가 배당 복리 효과의 가장 큰 무기입니다. 여러분이 받은 배당금으로 다시 주식 수량을 늘려가는 그 평범한 반복이, 훗날 여러분의 자산 그래프를 수직으로 세워줄 원동력이 될 것입니다.

03

마이너스 배당은 없다

누적 배당금은 절대 줄어들지 않는다

배당투자의 가장 큰 매력은 '마이너스 배당'이 존재하지 않는다는 점입니다. 물론 기업의 상황에 따라 배당금이 다소 줄어들 수는 있습니다. 어떤 달에는 100만 원을, 또 어떤 달에는 80만 원을 받을 수도 있겠죠.

하지만 중요한 사실은 한 번 입금된 배당금은 결코 사라지지 않는다는 것입니다. 주가가 아무리 곤두박질쳐도 이미 내 계좌에 들어온 배당금이 깎이거나 반환되는 일은 없습니다. 시장의 폭락도, 경기 침체도, 그 어떤 거대한 위기도 차곡차곡 쌓여가는 누적 배당금의 그래프만큼은 꺾지 못합니다. 가격은 흔들릴지언정, 현금흐름은 멈추지 않고 이어집니다.

계단을 오르듯 쌓이는 배당금

다음 그래프를 보세요. 위는 제가 매달 받은 배당금의 누적액 표이고, 아래는 그것을 막대그래프로 나타낸 것입니다. 2024년 3월 초에 약 201만 원으로 시작했습니다. 그 후 매달 배당금이 들어왔고, 2025년 10월에는 누적 배당금이 8,066만 원이 되었습니다.

누적 배당금의 표를 보면, 2024년 3월 250만 원, 4월 420만 원, 5월 650만 원, 6월 850만 원…. 숫자가 계속 커집니다. 한 번도 줄어들지 않습니다. 아래 막대그래프를 보면 더욱 명확합니다. 마치 계단을 오르듯 한 단계씩 올라갑니다. 어떤 달은 조금 올라가고, 어떤 달은 많이 올라가지만, 절대 내려가지는 않습니다.

이 기간 동안 주식시장은 어땠을까요? 평온했을까요? 아닙니다. 러-우 전쟁, 중국 경기 둔화, 트럼프 관세전쟁 등 여러 악재들이 있었고, 주가는 요동쳤습니다.

하지만 제 누적 배당금 그래프는 그런 변동성과 무관하게 꾸준히 우상향했습니다. 시장이 폭락한 달에도 배당금은 들어왔고, 누적액은 늘어났습니다.

시기		누적 배당금(원)	월별 배당금(원)
2024년	3월	2,590,181	574,742
	4월	4,272,075	1,681,894
	5월	6,547,962	2,275,887
	6월	8,552,556	2,004,594
	7월	11,413,389	2,860,833
	8월	14,461,280	3,047,891
	9월	17,770,487	3,309,207
	10월	21,631,656	3,861,169
	11월	25,211,561	3,579,905
	12월	29,709,099	4,497,538
2025년	1월	34,303,675	4,594,576
	2월	39,573,584	5,269,909
	3월	44,766,076	5,192,492
	4월	49,993,818	5,227,742
	5월	55,024,896	5,031,078
	6월	60,064,023	5,039,127
	7월	65,228,315	5,164,292
	8월	70,335,917	5,107,602
	9월	75,354,596	5,018,679
	10월	80,662,053	5,307,457

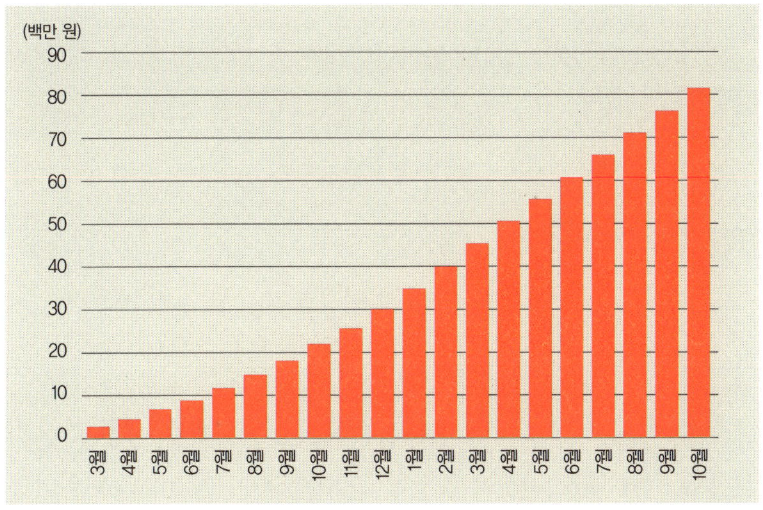

출처 : 통계청

주가 폭락이 기회가 되는 이유

일반 투자자에게 주가 폭락은 공포의 대상이지만, 배당투자자에게는 전혀 다른 의미를 가집니다. 오히려 이는 자산을 늘릴 기회에 가깝습니다. 이유는 단순합니다. 시장이 흔들려도 배당금이라는 현금흐름은 견고하게 유지되며, 오히려 낮아진 주가 덕분에 배당금으로 더 많은 수량의 주식을 매수할 수 있기 때문입니다.

예를 들어보겠습니다. 여러분이 배당 ETF 1,000주를 보유하고 있고, 이번 달에 10만 원의 배당금을 받고 있다고 가정해봅시다. 그런데 주가가 10% 하락했습니다. 주당 1만 원이던 ETF 가격이 9,000원이 된 상황입니다.

기존에는 월 배당금 10만 원으로 10주를 매수할 수 있었습니다. 하지만 이제는 배당금 10만 원으로 11주를 매수할 수 있습니다. 주가 하락이 손실이 아니라, 수량을 늘릴 수 있는 기회로 바뀐 것입니다.

만약 월 배당금이 100만 원이라면 차이는 더 분명해집니다. 이전에는 100주를 늘릴 수 있었지만, 이제는 110주를 추가로 매수할 수 있습니다. 수량이 늘어나면 이후 배당금은 100주가 아닌 110주를 기준으로 지급됩니다.

주가 하락이 오히려 현금흐름의 덩치를 키우는 강력한 엔진이 되는 셈입니다.

매월 50만 원씩 적립식 투자를 하는 경우도 마찬가지입니다. 주당 1만 원일 때는 50주를 매수할 수 있었지만, 주가가 10% 하락해

9,000원이 되면 55주를 매수할 수 있게 됩니다. 배당투자의 핵심인 '수량'을 더 빠르게 쌓을 수 있는 것입니다.

이것이 배당투자자가 시장의 폭락을 두려워하지 않고, 오히려 담담하게 즐길 수 있는 이유입니다.

배당투자의
3가지 파이프라인

정리하자면, 배당투자를 해야 하는 강력한 이유는 단순히 '배당금을 받는다'는 한 가지 이점에 있지 않습니다. 배당투자를 하면 세 가지 파이프라인이 동시에 작동합니다.

첫째, 배당금 자체입니다. 분기마다 또는 매달 현금이 입금됩니다. 저는 월배당 ETF에 투자하므로 매월 현금흐름이 생깁니다. 시장이 오르든 내리든, '한 달에 두 번' 따박따박 배당금이 들어오고 있습니다. 주가 차트를 보지 않아도, 시장 뉴스에 신경 쓰지 않아도, 배당금은 정해진 날짜에 계좌로 입금됩니다.

둘째, 배당금의 증가입니다. 기업이 성장하고 투자 중인 ETF의 구성종목들이 성장하면 배당금도 증가합니다. 1년 전에 주당 100원이었던 배당금이 몇 년 후 150원이 될 수 있습니다. 주가가 상승하면 그만큼 배당금도 늘어나는 것이죠. 물론 일부 주식이나 ETF의 경우 배당금을 고정하는 경우도 있지만, 주가가 장기적으로 우상향하면 대체로는 배당금 자체가 커지는 경험을 할 수 있습니다.

셋째, 배당금의 재투자 효과입니다. 이것이 가장 강력한 파이프라인입니다. 강세장이든 하락장이든 배당금은 매월 나옵니다. 이 배당금으로 하락장에서는 크게 떨어진 성장주나 우량주에 재투자할 수도 있고, 추가로 배당 ETF를 매수해 수량을 늘릴 수도 있습니다. 결국 배당금은 또 다른 투자자금의 원천이 되어 새로운 파이프라인을 만들어줍니다. 배당금이 배당금을 낳는 선순환 구조가 완성되는 것입니다.

PART
3
성장과 배당,
두 마리 토끼 잡는
ETF 전략

성장과 배당을
동시에 추구하라

지금까지 저는 현금흐름의 중요성을 거듭 강조해왔습니다. 월급이 끊겨도 일상을 지탱해주는 배당금이라는 '마르지 않는 우물'이야말로 우리를 진정한 자유로 이끄는 열쇠이기 때문입니다.

하지만 앞서 짚어보았듯, 배당투자에는 한 가지 아쉬운 점이 있습니다. 바로 성장주 투자에 비해 자산이 불어나는 속도가 상대적으로 느릴 수 있다는 것입니다. 배당주들은 대체로 견고하고 안정적이지만, 폭발적으로 우상향하는 성장주에 비하면 주가 상승폭이 제한적일 수밖에 없습니다. 매달 제때 현금은 손에 쥐지만, 자산의 덩치 자체가 빠르게 커지지는 않는다는 것이죠.

그렇다면 우리는 어떤 선택을 해야 할까요? 배당의 안락함에 안

주하며 더딘 성장을 받아들여야 할까요? 아니면 현금흐름의 안정성을 포기하고 다시 변동성 심한 성장주에 몰두해야 할까요?

저는 두 가지를 모두 가져갑니다. 성장투자와 배당투자를 동시에 추구하는 것이죠. 그래서 이 전략을 줄임말로 '성배투자' 혹은 '성배전략'이라고 부릅니다. 성장과 배당, 두 마리 토끼를 동시에 잡는 방법입니다.

성장투자, 장기 우상향하는 자산에 투자하라

많은 사람들이 성장투자를 단기 매매와 동일시합니다. 싸게 사서 비싸게 팔고, 다시 떨어지면 사고 오르면 파는 식이죠. 매매 타이밍을 맞추는 것이 수익의 핵심이라고 생각합니다.

하지만 타이밍을 맞추는 것은 매우 어렵습니다. 전문가들조차 시장의 고점과 저점을 정확히 예측하지 못합니다. 2020년 3월 코로나 폭락 때 "더 떨어질 것"이라며 주식을 팔았던 사람들은 이후 폭등장을 놓쳤고, 2021년 고점에서 "더 오를 것"이라며 주식을 샀던 사람들은 큰 손실을 봤습니다. 시장을 이기려다 시장에 당하는 것이죠.

그래서 저는 장기적으로 성장할 수밖에 없는 자산에 투자합니다. 장기 우상향하는 지수나 섹터 ETF가 대표적이죠. S&P500, 나스닥 100, 코스피, 빅테크 ETF, 반도체 ETF와 같은 자산들입니다. 이런 자산들도 단기적으로는 등락을 거듭합니다. 때로는 20%, 30%씩 떨어지기도 하죠. 하지만 장기적으로는 우상향합니다. 인류의 기술 발전, 경제 성장, 생산성 향상과 궤를 같이하기 때문입니다.

역사가 이를 증명합니다. 미국의 S&P500은 지난 30년간 크고 작은 위기를 겪었지만, 결국 우상향해왔습니다. 닷컴 버블, 금융위기, 코로나19를 거치면서도 장기 보유자들은 모두 큰 수익을 냈습니다.

그래서 저는 타이밍(Timing)이 아니라 타임(Time)으로 승부합니다. 언제 사고파느냐가 아니라, 얼마나 오래 보유하느냐가 중요합니다. 매일 주가를 확인할 필요도 없습니다. 떨어지면? 그냥 두면 됩니다. 오르면? 역시 그냥 두면 됩니다. 시간이 지나면 결국 오를 자산이기 때문입니다.

이것이 제가 추구하는 성장투자입니다. 당장의 배당은 없거나 적습니다. 하지만 5년 후, 10년 후를 보고 투자합니다. 자산 가치 자체가 커지는 것이 목표입니다.

배당투자, 지금 당장 현금흐름을 만들어라

배당투자는 앞서 설명했듯 '지금 당장의 현금흐름 창출'을 최우선 목표로 삼습니다. 주가의 등락과 관계없이 매월 혹은 분기마다 따박따박 배당금이 들어오기 때문입니다.

만약 성장주에만 치중한다면 어떻게 될까요? 자산 가치는 커질지언정 손에 쥐는 현금은 없습니다. 주가가 10% 올랐다 해도 매도 버

튼을 누르기 전까지 그것은 화면 속 숫자에 불과합니다. 특히 시장이 폭락할 때 그 취약함이 드러납니다. 계좌에는 마이너스만 커지고 당장 들어오는 수입은 없으니, 투자자는 극심한 불안감에 휩싸이게 됩니다.

하지만 배당투자를 병행하면 상황은 달라집니다. 하락장에서도 매달 배당금을 받을 수 있기 때문입니다. '주가는 밀렸지만, 현금흐름은 여전하네'라는 생각은 심리적 안정감을 만들어내고, 결국 투자를 끝까지 지속할 수 있는 든든한 버팀목이 되어줍니다.

실제로 TIGER 미국배당다우존스나 KODEX 미국배당다우존스와 같은 월배당 ETF를 활용하면 매달 안정적인 수입을 기대할 수 있습니다. 코카콜라, 버라이즌처럼 수십 년간 배당을 늘려온 미국의 초우량 기업들이 포함되어 있어 장기투자에 안성맞춤입니다.

최근에는 KODEX 미국AI테크TOP10타겟커버드콜처럼 기술주의 성장성을 누리면서도 높은 분배를 하여 배당을 지급하는 상품들도 등장했습니다. 이러한 ETF들도 전략적으로 활용한다면 자산의 증식과 현금흐름이라는 두 마리 토끼를 동시에 잡을 수 있습니다.

특히 정기적인 월급이 없는 프리랜서나 은퇴자들에게 배당투자는 선택이 아닌 필수입니다. 소중한 자산을 갉아먹지 않고도 배당금만으로 생활을 영위할 수 있게 해주는 것, 그것이 바로 배당투자가 선사하는 선물입니다.

성장과 배당, 둘 다 가져가는 성배 전략

이것이 성장투자와 배당투자를 병행해야 하는 이유입니다. 성장투자가 내일의 자산을 키우는 '성장 엔진'이라면, 배당투자는 오늘의 일상을 지탱하는 '단단한 버팀목'입니다. 미래의 풍요와 현재의 안정, 이 둘이 조화롭게 맞물릴 때 비로소 가장 균형 잡힌 투자 전략이 완성됩니다.

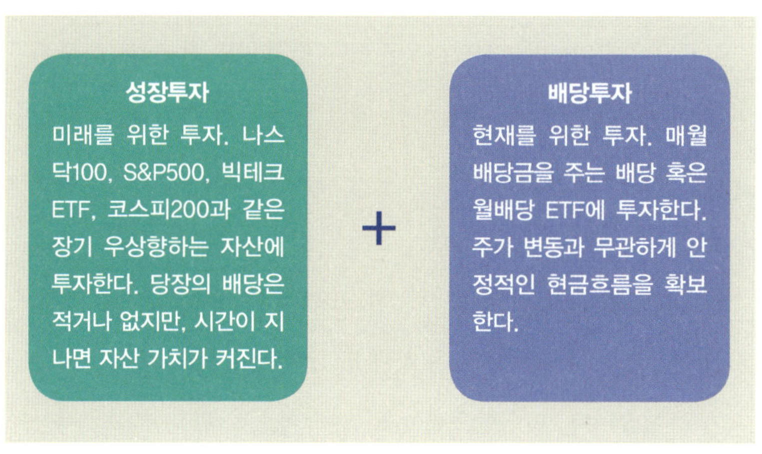

미국 직접 상장 ETF vs.
국내 상장 미국 ETF

많은 투자자가 공식처럼 말하곤 합니다. "기술주 투자는 QQQ, 배당성장은 SCHD, 월배당은 JEPQ"라고 말이죠. 물론 이들은 검증된 훌륭한 ETF들입니다. 하지만 이제는 무조건 미국 시장만을 고집할 필요가 없는 시대입니다.

불과 몇 년 전만 해도 미국 지수에 투자하려면 해외 계좌를 통해 미국 상장 ETF를 사는 것이 거의 유일한 방법이었습니다. 국내 시장에는 마땅한 대안이 없었기 때문이죠.

하지만 지금은 상황이 달라졌습니다. 국내 ETF 시장이 비약적으로 발전하면서, 굳이 환전의 번거로움을 겪지 않아도 미국 시장의 핵심 자산에 손쉽게 투자할 수 있는 길이 열렸습니다.

결론부터 말씀드리면 미국 직접 투자와 국내 상장 미국 ETF 투자 모두 훌륭한 선택지입니다. 다만 저는 전략적인 판단 끝에 나스닥100, 빅테크, S&P500 등 핵심 자산 대부분을 국내 상장 ETF로 운용하고 있습니다.

물론 미국 현지에 상장된 ETF도 강점이 있습니다. 무엇보다 전 세계 자본이 모이는 시장인 만큼 상품군이 압도적으로 다양합니다. 또한 'VOO(뱅가드 S&P500 ETF)'의 운용보수가 0.03%에 불과하듯, 거대 자산운용사들이 제공하는 극히 낮은 수수료 역시 장기투자자에게는 놓치기 힘든 매력입니다. 하지만 이러한 장점에도 불구하고 제가 국내 상장 ETF를 선택한 데는 그 이상의 실익이 있기 때문입니다.

국내 상장 미국 ETF에 투자하는 이유

첫째, 이제는 국내에도 충분한 상품이 있습니다. 현재 국내 시장에는 TIGER 미국나스닥100이나 KODEX 미국S&P500처럼 QQQ나 VOO와 동일한 지수를 추종하는 상품들이 나와 있습니다. 운용보수 또한 많이 낮아져 비용 면에서도 충분한 경쟁력을 갖췄습니다.

TIGER 미국배당다우존스처럼 SCHD와 동일한 지수를 추종하는 상품도 나와 있습니다. 그리고 JEPQ처럼 국내에도 나스닥100 지수를 기초지수로하는 다양한 월배당 커버드콜 ETF들이 출시되어 있습니다. 예를 들면 TIGER 미국나스닥100타겟데일리커버드콜, KODEX 미국나스닥100데일리커버드콜OTM 등입니다.

둘째, 매매가 편리합니다. 별도의 해외 주식 계좌를 개설하거나 환전 절차를 거칠 필요가 없습니다. 매일 사용하는 국내 증권사 앱에서 원화로 실시간 거래가 가능하다는 점은 큰 장점입니다.

셋째, 환전 수수료와 환율 변동 리스크를 줄일 수 있습니다. 미국 직접 투자 시 발생하는 환전 수수료(약 0.25~1%)를 아낄 수 있으며, 매수·매도 시점의 환율 차이로 인한 예상치 못한 손실 부담을 덜 수 있습니다.

넷째, 전략적인 달러 투자 효과입니다. 국내 상장 미국 ETF 대부분은 환노출형 상품으로, 주가 상승분뿐만 아니라 달러 강세 시 환차익까지 동시에 누릴 수 있습니다. 즉, 미국 주식과 달러라는 두 가지 자산에 동시에 투자하는 셈입니다. 물론 환율 변동이 부담스럽다면 환헤지형(H) 상품이라는 대안도 있습니다.

다섯째, 압도적인 절세 혜택입니다. 이것이 국내 상품을 선택해야 하는 가장 결정적인 이유입니다. ISA, 연금저축, IRP와 같은 절세 계좌를 활용하면 매매차익에 대한 과세가 이연될 뿐만 아니라, 인출 시 분리과세 또는 저율과세 등 여러 혜택까지 누릴 수 있습니다. 직접 신고해야 하는 번거로운 해외 주식 양도소득세와 달리 세무 처리 과정도 매우 간소합니다.

마지막으로 소액 투자가 용이합니다. 미국 현지 ETF는 1주당 가격이 수십만 원을 호가하는 경우가 많지만, 국내 상품은 1주당 가격이 낮게 설정되어 있어 적은 금액으로도 정교한 분산투자가 가능합니다.

미국 시장에 직접 상장된 ETF든, 국내에 상장된 미국 ETF든 모두 훌륭한 투자 수단임은 분명합니다. 결국 중요한 것은 자신의 투자 목적과 절세 전략에 가장 부합하는 도구를 찾아 '꾸준히' 실행에 옮기는 것입니다.

장기 우상향하는 지수에 투자하라

성장투자를 할 때는 장기적으로 우상향하는 시장을 선택하는 것이 핵심입니다. 단기 등락은 있어도 시간이 지나면 결국 오를 수밖에 없는 시장을 찾아야 하죠. 대표적으로 미국과 우리나라 지수 시장이 바로 그런 곳입니다.

미국 지수, 장기 우상향의 역사

다음의 그래프를 보세요. 위는 S&P500 지수이고, 아래는 나스닥100 지수입니다. 두 그래프 모두 2001년부터 2025년까지 25년간의 흐

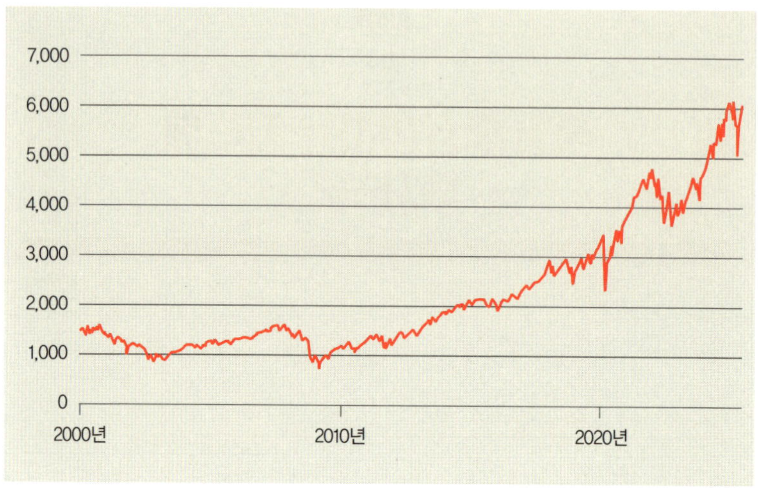

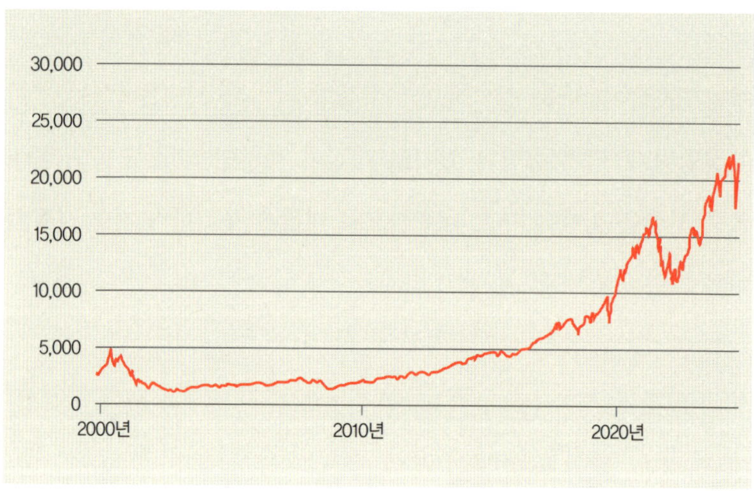

평생 월 500만 원 받는 월배당 ETF

름을 보여줍니다. 참고로 S&P500은 미국을 대표하는 500개 대형 우량 기업의 주가지수를 말하고, 나스닥100은 기술·성장주 중심의 미국 시장 및 그 지수를 의미합니다.

먼저 S&P500을 볼까요? 2001년부터 2025년까지 약 430% 상승했습니다. 2009년부터만 보면 약 1,000% 상승했습니다. 10배가 넘게 오른 겁니다. 1억 원을 투자했다면 15년 만에 10억 원이 되었다는 뜻입니다.

나스닥100은 더 놀랍습니다. 2001년부터 2025년까지 약 1,000% 상승했습니다. 2009년부터는 무려 1,900% 상승했습니다. 거의 20배입니다. 1억 원이 15년 만에 20억 원이 된 것입니다.

물론 중간에 폭락도 있었습니다. 2008년 금융위기 때는 50% 넘게 떨어졌고, 2020년 코로나19 때도 30% 이상 급락했습니다. 그래프를 보면 2008년과 2020년에 크게 꺾인 부분이 보일 겁니다.

하지만 중요한 것은 그 이후입니다. 폭락 후 얼마 지나지 않아 주가가 회복됐고, 결국 이전보다 더 높이 올라갔습니다. 장기적으로 보면 폭락은 그저 작은 점처럼 보일 뿐입니다. 전체적인 방향은 한 번도 바뀌지 않았습니다. 우상향입니다.

왜 미국 시장은 이렇게 꾸준히 오를까요. 여러 이유가 있지만 가장 큰 이유는 혁신입니다. 미국에는 세계 최고의 1등 기업들이 모여 있습니다. 애플, 마이크로소프트, 구글, 아마존, 엔비디아, 테슬라 등, 이 기업들은 단순히 제품을 파는 것이 아니라 세상을 바꿉니다. 스마트폰, 클라우드, AI, 전기차와 같은 혁신을 주도하는 기업들이죠.

그리고 미국 기업들은 주주 친화적입니다. 이익을 내면 주주들에게 돌려줍니다. 배당금을 늘리거나, 자사주를 매입하거나, 주가를 올리는 데 집중합니다. 기업이 성장하면 주주도 함께 부자가 되는 구조입니다.

마지막으로 미국 시장은 투명합니다. 회계 부정이나 불공정 거래가 발각되면 즉시 처벌받습니다. 투자자를 보호하는 시스템이 잘 갖춰져 있는 편입니다.

그래서 전 세계 투자자들이 미국 시장을 신뢰하고, 돈이 계속 몰립니다. 개별 종목들은 시대에 따라서 흥망성쇠가 있지만, 지수는 지속적으로 우상향을 보여줍니다. 미국의 S&P500과 나스닥100은 장기적으로 꾸준히 상승해온 대표적인 지수입니다.

이번에는 국내에 상장된 TIGER 미국나스닥100 ETF를 예로 들겠습니다.

이 ETF는 미국 나스닥100을 기초지수로 하여 2010년 10월 18일 주당 약 1만 원에 상장되었습니다. 그런데 2025년 말 기준으로 주가가 16만 원을 넘어섰습니다. 즉, 2010년에 TIGER 미국나스닥100 ETF를 1억 원어치 매수하고 지금까지 보유했을 경우 16억 원이 되었을 것이라는 뜻입니다. 미국이 아닌 국내에 상장된 ETF를 샀더라도, 충분한 수익을 거둘 수 있었다는 의미입니다.

이렇게 미국 지수 ETF는 장기적으로 성장했을 뿐만 아니라 그 성장률도 놀랍습니다. 나스닥100과 S&P500 모두 연평균 약 10% 이상의 수익률을 기록했습니다.

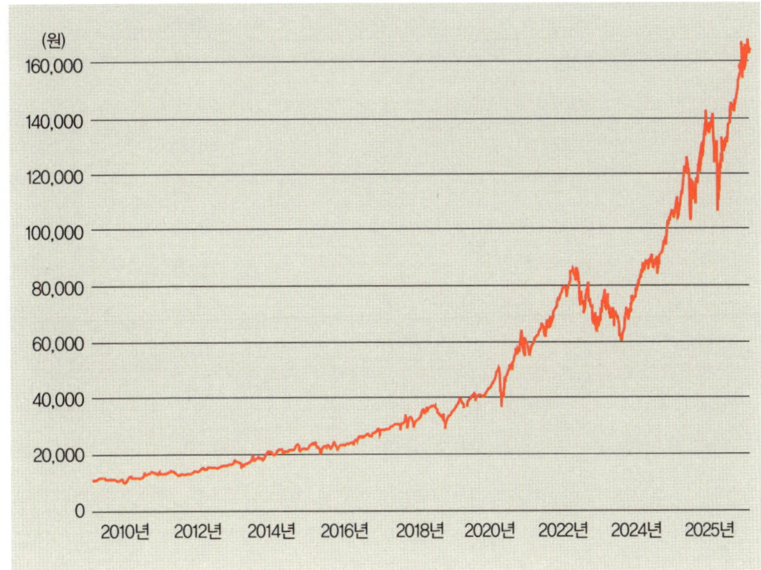

물론 매년 정확히 10%씩 상승한다는 뜻은 아닙니다. 상승장과 하락장을 반복하면서 장기적으로 꾸준히 우상향을 보여주었고, 그 결과 연평균 수익률이 10%대 수준에 달했다는 의미입니다.

다음 표는 S&P500의 연도별 수익률입니다. 하락한 해도 있었지만 상승한 해가 훨씬 많았습니다.

저는 이런 성장이 앞으로도 이어질 것이라 믿습니다. 미국은 여전히 세계 경제의 패권국입니다. 기축통화인 달러를 보유하고 있고, 전 세계 자본이 미국 시장으로 모입니다. 미국 기업들이 성장하면 전 세계에서 투자금이 몰려들고, 그 투자금으로 또다시 성장하는 선순환 구조가 이미 만들어져 있습니다. 이런 구조가 무너지지 않는

연도(년)	수익률(%)
2024	23.31
2023	24.23
2022	−19.95
2021	26.89
2020	16.26
2019	28.88
2018	−6.24
2017	19.42
2016	9.54
2015	0.73
2014	11.39
2013	26.90
2012	13.41
2011	0.08
2010	12.78
2009	23.45
2008	−38.49

한, 미국 지수의 장기 성장은 계속될 것입니다.

한국 코스피 시장을 주목하라

그렇다면 우리나라는 어땠을까요? 결론부터 말씀드리면 국내 코스피 지수 역시 부침은 있었으나 장기적으로는 분명한 우상향 곡선을 그려왔습니다. 실제로 2001년부터 현재까지 코스피는 약 700% 성

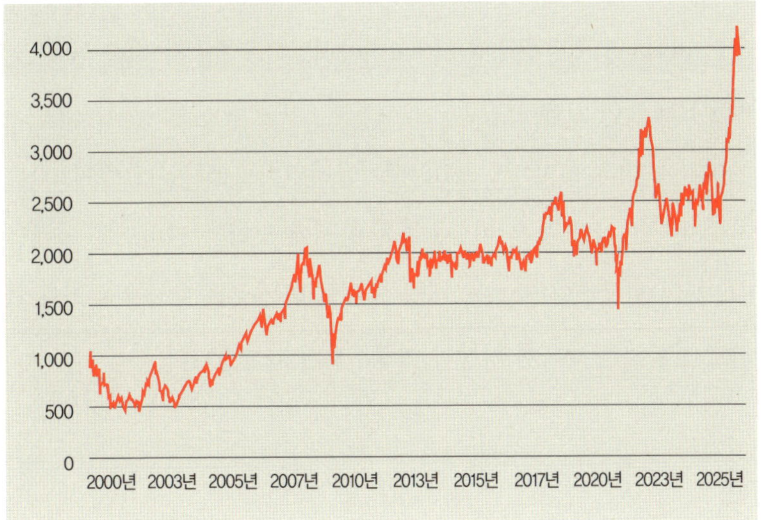

장했습니다.

지수 흐름을 들여다보면 지루한 횡보장이 길게 이어지는 소위 '박스권' 구간이 많아, 투자자들 사이에서는 '박스피'라는 자조 섞인 별명으로 불리기도 했습니다. 하지만 이런 부침 속에서도 우리나라 경제의 기초체력은 꾸준히 성장해왔으며, 지수는 결국 그 성장을 반영하며 계단식 우상향을 그렸습니다.

이러한 흐름을 바탕으로 제가 핵심적으로 제안하는 전략은 미국의 나스닥100, S&P500 지수와 더불어 국내 코스피 시장을 적절히 병행하는 것입니다. 다행히 최근 국내 ETF 시장이 비약적으로 발전하면서 선택지가 매우 넓어졌습니다.

한국 시장의 대표 성장성을 추종하는 KODEX 200 ETF, TIGER

200 ETF와 같은 ETF가 있으며, 매월 안정적인 배당 수익을 목표로 하는 PLUS 고배당주, TIGER 코리아배당다우존스와 같은 국내 고배당 ETF들이 있습니다.

여기에 더해 KODEX 200타겟위클리커버드콜처럼 코스피200을 기초지수로 삼아 높은 현금흐름을 동시에 노리는 커버드콜 월배당 ETF까지 활용한다면, 한국 시장 특유의 변동성을 오히려 수익의 기회로 전환하는 똑똑한 성장과 배당투자가 가능합니다.

시대의 흐름에
올라타라

제 포트폴리오에 나스닥100, S&P500뿐만 아니라 빅테크 AI가 큰 비중을 차지한다고 말하면, "빅테크에 투자하기엔 이제 너무 늦은 게 아닌가요?", "AI 버블이 터진다는데 괜찮은가요?" 등의 질문을 받습니다.

그렇게 생각할 수 있습니다. 2025년 상반기 엔비디아가 한 달 만에 30% 폭락하는 걸 보면서도 왜 이 섹터를 계속 사는지, 버블이라는 말이 쏟아지는데도 왜 확신을 가지는지 궁금하실 겁니다.

2022년 11월, 챗GPT가 처음 나왔을 때를 기억하시나요. 많은 사람들이 챗GPT의 성능에 크게 놀랐고, 그 순간 '아, 세상이 바뀌겠구나'를 직감했습니다. 실제로 불과 2년여 만에 세상은 많이 바뀌고 있습니다. 회사에서는 업무 전반에 AI를 활용합니다. 이제 AI는 우리 삶 속에 완전히 스며들고 있습니다.

모두가 인정할 겁니다. AI는 이제 선택이 아니라 필수라는 것을 말이죠. 그리고 인터넷이 그랬고, 스마트폰이 그랬던 것처럼, 이건 시작일 뿐이라는 것도 다들 직감하고 있을 겁니다.

그렇다면 우리의 투자처도 명확합니다. 이 변화의 최대 수혜자는 누구인가. AI를 만드는 기업, AI를 가능하게 하는 인프라를 가진 기업, AI로 새로운 서비스를 만드는 기업. 이 세 가지입니다.

AI 수혜를 받을 기업에 투자하라

우선, AI를 만드는 기업들을 볼까요. 구글, 오픈AI(마이크로소프트), 메타, 아마존 등이죠. 이들은 실제로 생성형 AI를 개발하고 서비스하는 회사입니다.

그다음은 AI를 가능하게 하는 인프라 기업들입니다. 엔비디아가 대표적이죠. 생성형 AI를 학습시키려면 어마어마한 컴퓨팅 파워가 필요합니다. 그걸 가능하게 하는 게 GPU입니다. 엔비디아의 H100, A100 같은 칩 없이는 챗GPT도, 제미나이도 작동하지 않습니다. 그래서 엔비디아 주가는 3년 만에 10배 가까이 올랐습니다.

삼성전자와 SK하이닉스도 빼놓을 수 없습니다. AI 반도체에 필수적인 고대역폭메모리(HBM)를 만들죠. 엔비디아의 H100, H200 칩에 들어가는 HBM은 SK하이닉스가 압도적인 점유율로 주도하고 있습니다. 삼성전자도 차세대 HBM 개발에 박차를 가하고 있습니다. AI 시대에 메모리 반도체는 필수입니다.

마지막으로 AI로 새로운 서비스를 만드는 기업들입니다. 테슬라는 자율주행에 AI를 쓰고, 아마존은 물류와 클라우드에 AI를 접목했습니다. 애플은 아이폰에 AI를 집어넣었습니다.

피지컬 AI 즉 로봇 관련주에도 관심을 가질 필요가 있습니다. 로봇은 이제 먼 미래의 기술이 아닙니다. 이미 산업현장에 투입되었고, 그 범위가 확대되고 있습니다.

그런데 로봇 산업의 핵심도 AI와 반도체입니다. 결국 빅테크로 돌아오는 것이죠. 엔비디아의 칩이 로봇의 두뇌가 되고, 테슬라의 AI가 자율주행을 가능하게 하고, 테슬라와 현대차의 로봇이 현장에서 일합니다. 바로 이 흐름에 투자하는 것이 제 전략입니다.

포트폴리오에 반드시 있어야 할 섹터

그래서 저는 나스닥100과 S&P500, 빅테크AI, 반도체 등의 관련주를 핵심으로 가져가고 있습니다.

"그래도 언제까지 오를지 알 수 없잖아요?"라고 물어보실 수 있습니다. 실제로 2025년 3월, 관세전쟁 우려가 불거졌을 때 나스닥100은 하루 만에 3% 넘게 폭락했습니다. 그리고 불과 몇 달 사이에

나스닥100은 25%, 빅테크는 30% 급락했습니다.

그런데 저는 그때도 팔지 않았습니다. 오히려 더 샀습니다. 버블과 성장을 구분해야 하기 때문입니다.

버블이란 실체 없이 기대만으로 오르는 겁니다. 하지만 지금 빅테크 기업들의 실적을 보세요. 마이크로소프트는 클라우드 매출이 역대 최고치를 찍었습니다. 메타는 광고 매출이 폭발적으로 늘었습니다. 구글은 검색과 유튜브에 AI를 통합해 시너지를 내고 있습니다.

저는 이걸 버블이라고 부르지 않습니다. 변화의 시작이라고 부릅니다.

조정은 기회다

기술주는 계속 말하지만 변동성이 큽니다. 그런데 배당투자자에게 이것은 오히려 기회입니다.

주가가 떨어지면 같은 배당금으로 더 많은 주식을 살 수 있습니다. 미국나스닥100 ETF가 10% 떨어졌다면? 배당금으로 10% 더 많은 수량을 모을 수 있습니다. 주가가 다시 오르면 그 수량이 그대로 자산 증가로 이어집니다.

저는 실제로 그렇게 해왔습니다. 관세전쟁 우려로 주가가 폭락했을 때도 꾸준히 매수했습니다. 떨어질 때마다 매수하니까 수량은 지속적으로 늘어났고, 배당금도 많아졌고, 자산도 커졌습니다.

단기적으로는 주가가 흔들려도, 장기적으로는 우상향합니다. 이것이 제가 조정을 두려워하지 않는 이유입니다.

배당의만장이 추천하는
기본 ETF 3가지 유형

시장에는 1,000여 개 이상의 ETF가 있습니다. 투자를 처음 시작하는 분들은 어디서부터 손을 대야 할지 막막하실 겁니다. 저도 처음엔 그랬습니다.

저는 '성배 555전략'으로 성장주 5개, 월초 배당주 5개, 월중순 배당주 5개를 투자하고 있습니다. 물론 종목 수는 상황에 따라 유동적으로 조정할 수 있지만, 기본 골격은 유지하고 있습니다.

이 전략의 핵심은 성장주, 배당주, 커버드콜 월배당 ETF라는 세 가지 유형을 균형 있게 배치하는 데 있습니다.

첫 번째 유형, 성장주 ETF

성장주 ETF는 배당금보다 주가 상승을 통한 자산 증식에 집중하는 상품입니다. 빅테크와 기술주 중심으로 구성되어 있어 변동성은 크지만, 장기적으로 높은 수익률을 추구합니다. 당장 현금흐름이 필요하지 않고 10년 이상 장기투자할 수 있는 투자자에게 적합합니다.

나스닥100

첫 번째는 나스닥100입니다. 대표 상품으로는 TIGER 미국나스닥100(종목 코드 133690), KODEX 미국나스닥100(종목 코드 379810) 등이 있습니다.

나스닥100은 미국 나스닥 시장에 상장된 기술주 100개로 구성된 지수입니다. 애플, 마이크로소프트, 엔비디아, 테슬라, 아마존, 구글 같은 세계 최고의 기술 기업들이 담겨 있습니다.

이 ETF의 목적은 명확합니다. 빠른 자산 성장입니다. 배당금은 거의 없지만, 주가 상승을 통해 자산을 빠르게 불립니다. 과거 10년간 나스닥100은 연평균 15% 이상의 수익률을 기록했습니다.

가장 큰 장점은 성장성입니다. 세계 경제를 이끄는 빅테크 기업들에 투자하는 것이니까요. AI, 클라우드, 전기차와 같은 미래 산업을 주도하는 기업들입니다.

또한 미국 경제의 성장과 함께 우상향합니다. 단기적으로는 등락이 있지만, 장기적으로는 계속 올라왔습니다. 2008년 금융위기,

2020년 코로나19 때도 하락했지만 빠르게 회복했고, 결국 이전보다 더 높이 올라갔습니다.

다만 변동성이 큽니다. 어떤 해는 30%가 오르지만, 어떤 해는 20~30%가 떨어지기도 합니다. 특히 금리가 오르거나 경기가 나빠지면 기술주는 크게 하락합니다. 심리적으로 견디기 어려울 수 있습니다.

배당금도 거의 없습니다. 연 1% 수준입니다. 당장 현금흐름이 필요한 사람에게는 아쉬울 수 있습니다.

이 ETF는 20~40대 젊은 투자자에게 적합합니다. 변동성을 감내할 수 있고, 당장 배당금이 필요하지 않다면 나스닥100으로 자산을 빠르게 불릴 수 있습니다.

장기투자자에게도 좋습니다. 10년, 20년 보유할 계획이라면 나스닥100의 성장성을 충분히 누릴 수 있습니다.

S&P500

두 번째는 S&P500 ETF입니다. 대표 상품으로는 KODEX 미국 S&P500(종목 코드 379800), TIGER 미국S&P500(종목 코드 360750) 등이 있습니다.

S&P500은 미국을 대표하는 500개 대형 우량 기업으로 구성된 지수입니다. 애플, 마이크로소프트 같은 기술주뿐만 아니라 코카콜라, 존슨앤존슨, 버크셔해서웨이 같은 전통 우량주도 포함되어 있습니다.

나스닥100이 기술주 중심이라면, S&P500은 다양한 업종을 고루 담고 있습니다. 기술, 금융, 헬스케어, 소비재 등 미국 경제 전체를 대표하는 기업들입니다.

가장 큰 장점은 안정성과 성장성의 균형입니다. 나스닥100보다는 변동성이 낮지만, 여전히 좋은 성장성을 보입니다. 과거 10년간 연평균 10~12%의 수익률을 기록했습니다.

분산투자 효과도 있습니다. 500개 기업에 투자하니 특정 업종이나 기업의 리스크가 줄어듭니다. 기술주가 하락해도 금융주나 헬스케어주가 방어해줄 수 있습니다.

장기적으로 우상향합니다. 지난 100년간 S&P500은 꾸준히 올라왔습니다. 중간에 폭락도 있었지만, 결국 회복하고 더 높이 올라갔습니다. 미국 경제가 성장하는 한 S&P500도 함께 성장합니다. 나스닥100보다는 성장이 느리지만, 변동성 역시 적어서 많은 투자자들에게 적합합니다.

배당금도 성장주이므로 나스닥100과 비슷하게 적습니다. 연 1~2% 수준입니다. 당장 현금흐름이 필요한 사람에게는 부족합니다.

이 ETF는 20~50대 투자자에게 적합합니다. 나스닥100의 변동성은 부담스럽지만 성장성은 포기하고 싶지 않다면 S&P500이 좋은 선택입니다. 보수적인 투자자에게도 적합합니다. 500개 기업에 분산투자하니 리스크가 낮습니다. 관련하여 다음과 같은 ETF가 있습니다.

KIWOOM 미국S&P500모멘텀

미국의 SPMO와 동일한 기초지수를 추종하며 2025년 12월에 국내
에 새롭게 상장된 KIWOOM 미국S&P500모멘텀 ETF도 주목할 만
합니다. 미국의 SPMO는 S&P500 내 500개 종목 중 모멘텀이 가장
강력한 기업 100개로 구성된 ETF입니다.

> **SPY와 SPMO 최근 5년간 수익률 비교**

> **SPY vs SPMO 최근 5년간 수익률**

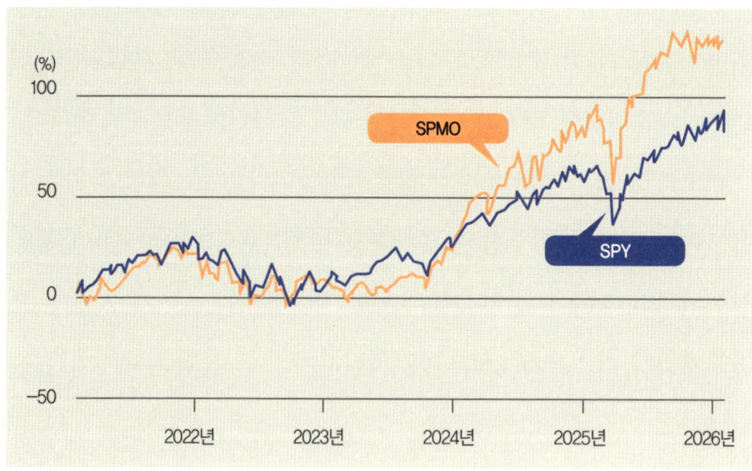

국내 상장 S&P500 ETF	특징
KODEX 미국S&P500 TIGER 미국S&P500	미국의 SPY처럼 S&P500 지수를 그대로 추종하는 상품
KIWOOM 미국S&P500&모멘텀	미국의 SPMO처럼 S&P500 중에서 모멘텀이 강한 100개에 집중하는 상품
TIGER 미국S&P500동일가중	미국의 RSP처럼 S&P500 전체 기업을 동일 비중으로 담고 있는 상품
KODEX 미국S&P500액티브 TIME 미국S&P500액티브	기초지수 대비 초과 성과를 목표로 하여, 투자 비중, 매매 등을 펀드매니저의 재량 운용하는 액티브 ETF

과거 장기 성과를 보면 미국의 SPY(미국 S&P500 지수를 추종하는 세계 최대 규모 ETF)보다 우수한 수익률을 기록했기 때문에, 성장에 좀 더 적극적인 투자자라면 관심을 가질 만합니다.

기타

휴머노이드로봇은 먼 미래처럼 보였지만, 지금은 산업 현장을 중심으로 빠르게 보급되고 있습니다. 앞으로 산업용, 상업용, 가정용 등 산업 전반은 물론 우리 일상에까지 확장될 것입니다.

테슬라 CEO 일론 머스크는 2040년까지 10억 대의 휴머노이드로봇 생산을 전망하고 있습니다. 엔비디아 CEO 젠슨 황은 "움직이는 모든 것은 로봇이 될 것"이라고 말합니다. 현 시대를 대표하는 두 CEO 이야기입니다. 우리가 로봇주에 관심을 가져야 할 이유입니다.

이러한 흐름에 투자할 수 있는 대표적인 ETF로는 KODEX 미국

휴머노이드로봇 ETF와 TIGER 코리아휴머노이드로봇산업 ETF 등
이 있습니다.

KODEX 미국휴머노이드로봇

● **종목 코드** | 0038A0

KODEX 미국휴머노이드로봇 ETF는 피지컬 AI와 관련된 미국 주식
들로 구성되어 있습니다. 휴머노이드 로봇 상용화를 추진 중인 테슬
라, AI 플랫폼 및 칩셋을 공급하는 엔비디아, 물류 자동화에 강점을
가진 아마존이 각각 약 15%씩 비중을 차지하며, 그 외 산업용 및 의
료용 로봇 관련 기업들로 구성되어 있습니다. 다만 휴머노이드 로봇
이 실제 수익으로 연결되기까지는 상당한 시간이 필요합니다. 미래
성장주 성격이 강한 ETF인 만큼, 장기투자 관점에서 접근하는 것이
바람직합니다.

TIGER 코리아휴머노이드로봇산업

● **종목 코드** | 0148J0

한국 휴머노이드 로봇 밸류체인에 집중 투자하는 ETF입니다. 로봇
원가의 약 60~70%를 차지하는 핵심 부품인 액추에이터를 생산하
는 로보티즈, 휴머노이드 로봇을 개발 및 양산하는 레인보우로보틱
스, 로봇 솔루션을 제공하는 LG CNS 등이 주요 구성종목입니다.

❯ TIGER 코리아휴머노이드로봇산업 주요 구성종목 및 비중(2025. 11. 8. 기준)

구성종목	비중
레인보우로보틱스	15.5%
로보티즈	12.6%
두산로보틱스	11.5%
에스피지	10.5%
하이젠알앤엠	7.2%
로보스타	6.3%
뉴로메카	4.8%
삼현	4.7%
유진로봇	4.5%
현대오토에버	4.4%
LG씨엔에스	3.9%
현대무벡스	3.7%
엔젤로보틱스	3.7%
유일로보틱스	3.6%
클로봇	3.0%

출처: 미래에셋자산운용

해당 ETF 운용사 홈페이지나 증권정보 플랫폼에서 위와 같은 구성종목 및 비중 정보를 상세히 확인할 수 있습니다.

KODEX 200, TIGER 200

● **종목 코드** | 069500, 102110

국내 대표 성장주 ETF로는 코스피200을 기초지수로 하는 KODEX 200과 TIGER 200 ETF가 있습니다.

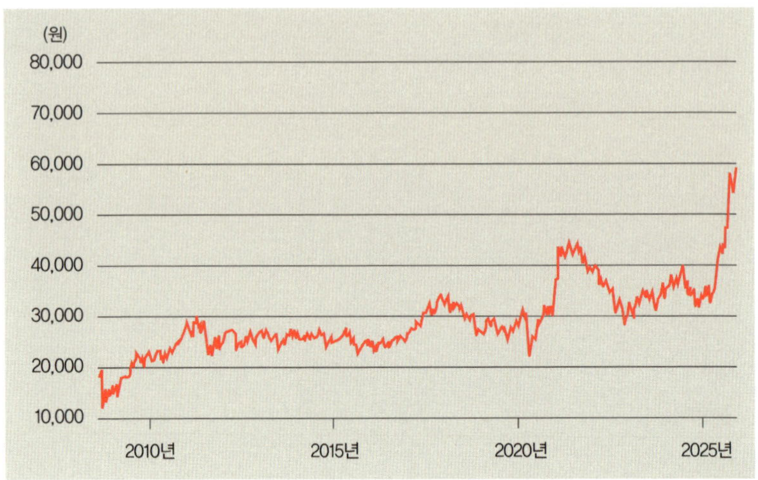

* 배당금 미포함

코스피200은 한국을 대표하는 200개 종목의 시가총액을 지수화한 것으로, 시장 대표성과 유동성, 업종 대표성을 고려해 선정됩니다. 구성종목 중 삼성전자와 SK하이닉스가 전체 비중의 25~30%를 차지할 만큼 높은 집중도를 보이며, 그 외 LG에너지솔루션, POSCO홀딩스, 현대차 등을 포함한 200개 기업으로 구성되어 있습니다.

미국의 나스닥100이나 S&P500에 비해 평균 성장률이 다소 낮다는 평가도 있지만, IMF 외환위기, 서브프라임 위기, 코로나19 위기 등 수많은 위기 속에서도 코스피200 지수는 꾸준히 상승해왔습니다. 2010년 주당 약 2만 원에서 2025년 말 주당 약 6만 원으로, 긴 박스권 구간이 있었지만, 장기적으로는 우상향해온 ETF입니다.

여기서 주목할 점은 세금 혜택입니다. KODEX 200, TIGER 200

과 같은 국내주식형 ETF는 매매차익이 완전히 비과세입니다. 미국의 SPY, VOO는 매매차익에 양도소득세가 적용되고, 국내 상장 미국 ETF는 배당소득세가 적용되지만, 국내주식형 ETF는 매매차익에 대해 세금이 전혀 없습니다. 장기투자 시 큰 강점이 될 수 있습니다.

두 번째 유형, 배당주 ETF

배당주 ETF는 안정적인 현금흐름 창출에 초점을 맞춘 상품입니다. 재무 건전성이 우수하고 배당 지급 능력이 검증된 우량 기업 중심으로 구성되어 있어, 변동성이 낮고 매달 또는 분기마다 꾸준한 배당금을 받을 수 있습니다. 은퇴를 준비하거나 안정적인 월급 같은 현금흐름이 필요한 투자자에게 적합합니다.

TIGER 미국배당다우존스

- **종목 코드** | 458730
- **예상 배당률** | 연 3.5~4%
- **배당 지급시기** | 매월 초

미국의 배당 증가 기업에 투자하는 'SCHD(슈드)'와 동일한 기초지수인 다우존스미국배당100 지수를 추종하는 ETF입니다. '한국판 SCHD'로 불립니다.

미국 주식시장에서 배당 지급 능력과 지속성이 우수한 100개 우량 기업을 선별하여 투자합니다. 배당 증가율, 배당 성향, 재무 건전성 등을 종합적으로 평가하여 종목을 선정하므로, 안정적인 배당 수익과 함께 장기적인 자본 성장을 기대할 수 있습니다.

코카콜라, 록히드마틴, 셰브론, 시스코시스템즈 등 빅테크가 아닌 전통 산업의 우량 배당주 중심으로 구성되어 있어, 시장 변동성이 클 때 상대적으로 안정적인 방어력을 보이는 것이 특징입니다.

단, AI 랠리와 같은 성장주 중심 상승장에서는 수익률이 제한적일 수 있으므로, 안정적인 배당 수익을 원하는 장기투자자에게 적합한 월배당 ETF입니다.

RISE 미국고배당다우존스TOP10

- **종목 코드** | 0115C0
- **예상 배당률** | 연 3.8~4%
- **배당 지급시기** | 매월 중순

미국 다우존스 지수 내 30개 종목 중에서 향후 12개월 예상 배당수익률 상위 10개 종목만 선별하여 투자하는 ETF입니다. 우량주 중에서도 특히 높은 배당을 추구하는 상품입니다.

존슨앤존슨, 시스코시스템즈, 머크앤드컴퍼니, IBM, 셰브론, 나이키, 암젠, 홈디포, 코카콜라, 버라이즌 등 10개 종목으로 구성되어 있습니다.

다우존스 지수에 포함된 기업들은 오랜 기간 검증된 우량 기업들입니다. 이 중에서도 배당수익률이 높은 상위 10개 종목에 집중 투자하므로, 안정적인 우량주 투자와 높은 배당 수익을 동시에 추구하는 월배당 ETF입니다.

단, 구성종목은 배당수익률 변화에 따라 주기적으로 변동될 수 있습니다.

KIWOOM 미국고배당&AI테크

- **종목 코드** | 0107F0
- **예상 배당률** | 연 3.5~4%
- **배당 지급시기** | 매월 초

미국의 고배당주 20개 종목과 고성장 대표 종목인 AI 빅테크 10개 종목에 동시 투자하는 ETF입니다. 고배당주에 약 70%, AI 빅테크에 약 30%의 비중을 유지하며, 월배당을 통한 안정적인 현금흐름과 AI 빅테크를 통한 성장을 동시에 추구하는 월배당 ETF입니다.

포트폴리오는 아티산 파트너스, 화이자, 안테로 미드스트림 등 20개 고배당주에 약 70%, 엔비디아, 마이크로소프트, 메타, 알파벳 등 10개 AI 빅테크에 약 30% 비중으로 구성되어 있습니다.

배당주만 투자하면 성장이 아쉽고, 성장주만 투자하면 현금흐름이 부족합니다. 이 ETF는 두 가지를 균형 있게 결합하여, 매달 배당금을 받으면서도 AI 빅테크의 성장성까지 함께 누릴 수 있는 전략형 상품입니다.

PLUS 자사주매입고배당주

- 종목 코드 | 0098N0
- 예상 배당률 | 연 4~5%
- 배당 지급시기 | 매월 중순

국내 최초로 배당과 자사주 매입을 동시에 고려하는 월배당 ETF입니다. 그동안 주주환원은 배당에만 집중했지만, 점차 자사주 매입과 소각까지 주주환원 정책이 확대되고 있습니다. 자사주를 매입해 소각할 경우 유통 주식 수가 줄어들면서 주당순이익(EPS)이 늘어나고, 결과적으로 1주당 가치가 상승하게 됩니다.

코스피에 상장된 우량 종목 중 예상 배당수익률과 최근 1년 자사주 매입률 상위 30개 종목으로 구성했습니다. 주요 구성종목으로는 미래에셋증권, 신한지주, 우리금융지주, 현대차, 하나금융지주, KT&G 등이 있습니다.

TIGER 코리아배당다우존스

- 종목 코드 | 0052D0
- 예상 배당률 | 연 4~5%
- 배당 지급시기 | 매월 중순

미국의 대표 배당성장 ETF인 SCHD의 투자 전략을 국내 시장 상황에 맞게 적용한 ETF입니다.

국내 고배당주 중 연 배당 상위 종목을 대상으로, 4가지 펀더멘털 기준(현금흐름, 부채비율, 자기자본이익률, 5년 배당성장률)을 동일 가중치로 적용하여 종합 순위 상위 30개 종목을 선정합니다.

현대글로비스, NH투자증권, 기업은행, 삼성화재, 기아, KT&G 등 약 30개 종목으로 구성되어 있습니다.

세 번째 유형, 커버드콜 월배당 ETF

커버드콜 ETF는 주식을 보유하면서 콜옵션을 매도해 얻은 프리미엄 수익으로 월 배당금★을 추구하는 전략을 사용합니다. 일반 배당주보다 높은 배당금을 제공하지만, 과도한 배당금은 주가 상승 시 수익을 제한할 수 있다는 단점이 있습니다.

다만 최근에는 이러한 한계를 보완한 업그레이드 버전들이 등장하고 있습니다. 일부 커버드콜 ETF는 기초지수의 성장과 배당 수익을 동시에 추구하는 전략을 채택해, 주가 상승분을 상당 부분 확보하면서도 안정적인 현금흐름을 제공합니다. 따라서 커버드콜 ETF를 선택할 때는 어떤 전략을 사용하는지 꼼꼼히 확인해야 합니다.

★ 커버드콜의 콜옵션 매도를 통해 얻은 프리미엄 수익은 '분배금'이 정확한 표현입니다.

KODEX 미국AI테크TOP10타겟커버드콜

미국 AI 테크 대표 10개 종목에 집중 투자하면서 커버드콜 전략을 통해 연 15% 수준의 월배당을 추구하는 ETF입니다.

미국 나스닥과 뉴욕증권거래소에 상장된 AI 테크 우량주 10개 종목으로 구성됩니다. 엔비디아, 애플, 마이크로소프트, 구글, 메타, 아마존 등 글로벌 빅테크 기업이 포함되어 있습니다.

AI 테크 주식 10종목을 집중 매수하고, 나스닥100 지수를 기초자산으로 하는 만기 1주일짜리 위클리 콜옵션을 매도하는 커버드콜 전략을 사용합니다.

AI 테크 대표 종목에 집중 투자하면서도 매달 안정적인 배당 수익을 얻을 수 있는 상품입니다. 커버드콜 특성상 급등장에서는 본주의 상승률보다 상승폭이 적을 수는 있습니다. 본주는 KODEX 미국 AI테크TOP10 ETF입니다.

AI 섹터의 성장성과 월배당의 현금흐름을 동시에 추구하는 투자자에게 적합합니다.

TIGER 미국테크TOP10타겟커버드콜

- **종목 코드** | 474220
- **예상 배당률** | 연 10%
- **배당 지급시기** | 매월 중순

미국 대형 기술주 10종목에 투자하면서 나스닥100 콜옵션을 매도하는 커버드콜 전략으로 연 10% 수준의 월배당을 추구하는 ETF입니다.

2024년 1월에 출시되어 커버드콜 ETF 중에서는 비교적 일찍 상장한 편입니다. 상장 당시 주가는 약 1만 원이었고, 2025년 말 약 1만 5,700원을 기록했습니다.

▶ **TIGER 미국테크TOP타겟커버드콜 주가 추이(2024~2025)**

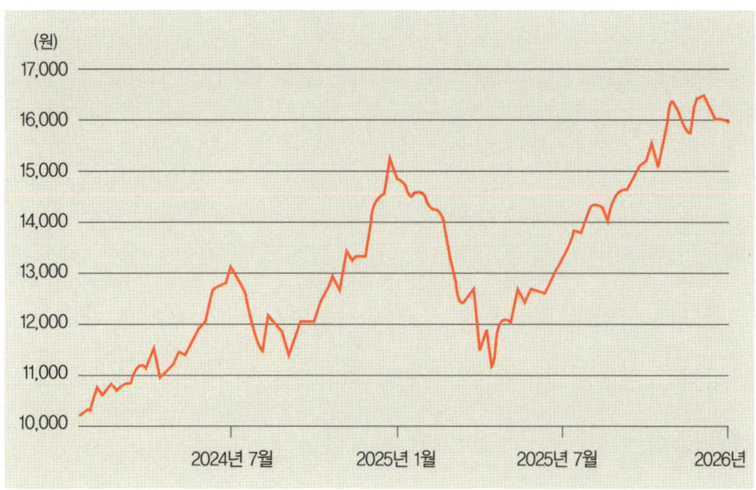

* 배당금 미포함

만약 2024년 1월에 1,000만 원을 투자했다면, 2년 후인 2025년 말 원금은 1,570만 원으로 증가했을 것입니다. 여기에 매년 약 10%의 배당금을 별도로 받았으니, 2년간 원금은 약 57% 증가했고 배당금 20%를 더하면 총 77%의 수익을 거둔 셈입니다. 커버드콜 ETF 중에서도 눈에 띄는 성과입니다.

ACE 미국반도체데일리타겟커버드콜(합성)

- **종목 코드** | 480040
- **예상 배당률** | 연 15%
- **배당 지급시기** | 매월 중순

미국 반도체 시가총액 상위 30개 종목에 집중 투자하면서 커버드콜 전략을 통해 높은 월배당을 추구하는 합성 ETF입니다.

미국에 상장된 반도체 기업 중 시가총액 상위 30개 종목으로 구성됩니다. 엔비디아, 브로드컴, AMD, 인텔, 퀄컴, 마이크론 등 글로벌 반도체 대표 기업이 포함되어 있습니다.

매일 옵션을 매도하여 프리미엄을 확보하고, 이를 통해 연 15% 배당을 추구합니다.

반도체 산업의 성장성에 집중 투자하면서 매일 옵션을 매도하여 안정적인 프리미엄 수익을 추구합니다. 반도체 섹터의 성장과 월배당을 동시에 원하는 투자자에게 적합합니다.

TIGER 미국나스닥100타겟데일리커버드콜

- 종목 코드 | 486290
- 예상 배당률 | 연 15%
- 배당 지급시기 | 매월 초

미국 나스닥100을 기초지수로 하며, 커버드콜 전략을 통해 연 배당률 약 15%를 추구하는 ETF입니다.

과거 1세대 커버드콜이라 불리는 TIGER 미국나스닥100커버드콜(합성)은 옵션 매도 비중이 약 100%였지만, TIGER 미국나스닥100타겟데일리커버드콜은 3세대 커버드콜로 옵션 매도 비중을 10% 수준으로 설계하여 강세장에서 상승 참여도가 상대적으로 높습니다.

KODEX 미국배당커버드콜액티브

- 종목 코드 | 441640
- 예상 배당률 | 연 8~10%
- 배당 지급시기 | 매월 중순

미국 S&P500 지수에 포함된 우량 배당성장주에 투자하면서 커버드콜 전략으로 월배당을 제공하는 ETF입니다. 현재 연 예상 배당률은 약 8~10% 수준입니다.

액티브 ETF라는 점이 가장 큰 특징입니다. 단순히 지수를 추종하는 것이 아니라, 운용매니저가 시장 상황에 맞춰 탄력적으로 운용합니다. 상승장에서는 옵션 매도 비중을 최소화하여 주가 상승에 충실히 참여하고, 횡보장이나 하락장에서는 옵션 매도 비중을 조절하여 안정적인 수익을 확보하는 전략입니다.

현재 포트폴리오의 약 15%는 미국의 유명 월배당 ETF인 DIVO가 포함되어 있으며, 그 외 캐터필러, 마이크로소프트, 홈디포, 애플, 비자 등으로 구성되어 있습니다.

KODEX 미국성장커버드콜액티브

- **종목 코드** | 0144L0
- **예상 배당률** | 연 12%
- **배당 지급시기** | 매월 초

미국 나스닥에 상장된 엔비디아, 아마존, 구글, 메타 등 고성장 테크 기업에 투자하면서 탄력적인 커버드콜 전략으로 월배당을 제공하는 액티브 ETF입니다. 현재 연 예상 배당률은 약 12% 수준입니다.

강세장에서는 주식 보유 비중을 유지해 상승장에 동참하고, 횡보 및 하락장에서는 옵션 매도를 확대해 프리미엄 수익을 추구하는 액티브 전략을 구사합니다. 테크 기업의 이익 성장과 진화된 커버드콜 전략을 통해 자본 이득과 월배당을 동시에 추구하는 ETF로 주목받고 있습니다.

KODEX 200타겟위클리커버드콜

- 종목 코드 ┃ 498400
- 예상 배당률 ┃ 연 17%
- 배당 지급시기 ┃ 매월 중순

코스피200 지수를 기초자산으로 하여 커버드콜 전략으로 연간 15%의 프리미엄 확보를 목표로 하는 월배당 ETF입니다. 코스피200에서 나오는 배당금 약 2%와 옵션프리미엄 수익 약 15%를 합해 연간 약 17%의 배당률이 예상됩니다.

2025년에는 국내 증시가 초강세를 보이면서 배당금과 주가 수익을 합한 총수익률이 약 70%에 달하는 뛰어난 성과를 기록했습니다.

▶ **KODEX 200 타겟위클리커버드콜 주가 추이(2025)**

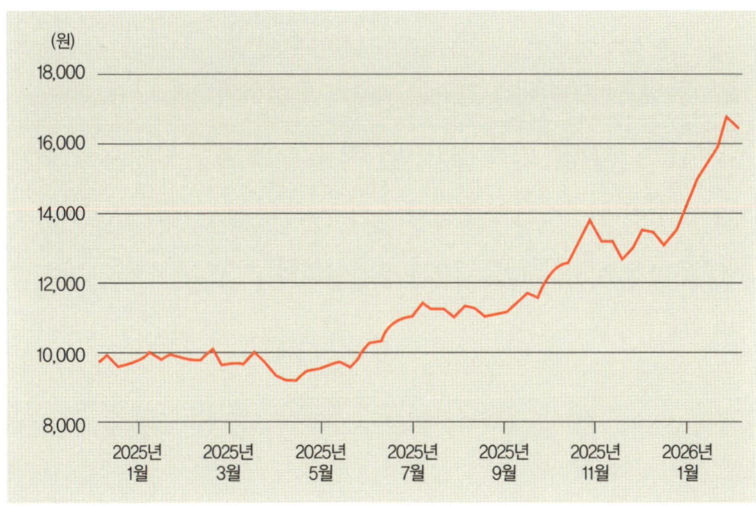

* 배당금 포함

코스피200을 기초지수로 하는 커버드콜 월배당 ETF로는 이 외에도 TIGER 200타겟위클리커버드콜(종목 코드 0104N0), RISE 200위클리커버드콜(종목 코드 475720) 등이 있습니다.

TIGER 배당커버드콜액티브

- **종목 코드** | 472150
- **예상배당률** | 연 20%(특별배당금 포함)
- **배당 지급시기** | 매월 초

국내 배당성장이 있는 우량 기업에 투자하면서, 커버드콜 전략으로 연간 약 20%의 옵션프리미엄 배당이 예상되는 ETF입니다(특별배당금 포함).

2025년도 배당금 포함 총수익률이 약 70%에 달합니다.

구성종목은 삼성전자, SK하이닉스, TIGER200, 현대차, 하나금융지주 등 코스피200 내의 기업들 위주로 구성되어 있습니다.

액티브형 ETF로 종목 편입 비중과 콜옵션 매도 비중 등을 탄력적으로 조절하는 것이 특징입니다. 또한 국내 옵션 매도 프리미엄을 통한 배당금은 비과세라는 것이 장점입니다.

06
하락장에서 빛나는 배당주 ETF의 방어력

배당주 ETF의 역할을 이해하기 위해, 대표적인 배당주 ETF 하나를 예시로 들어 살펴보겠습니다.

TIGER 미국배당다우존스는 미국의 대표 배당성장주 ETF인 SCHD와 동일한 기초지수인 Dow Jones US Dividend 100(다우존스미국배당100) 지수를 추종하면서 월배당으로 국내에 출시된 ETF입니다.

배당이 성장하는 기업들에 투자하는 배당성장 ETF로 알려져 있습니다. 록히드마틴, 셰브론, 텍사스인스트루먼트, 홈디포, 코카콜라 등 미국의 배당주, 배당성장주 위주로 약 100개의 종목으로 구성되어 있습니다.

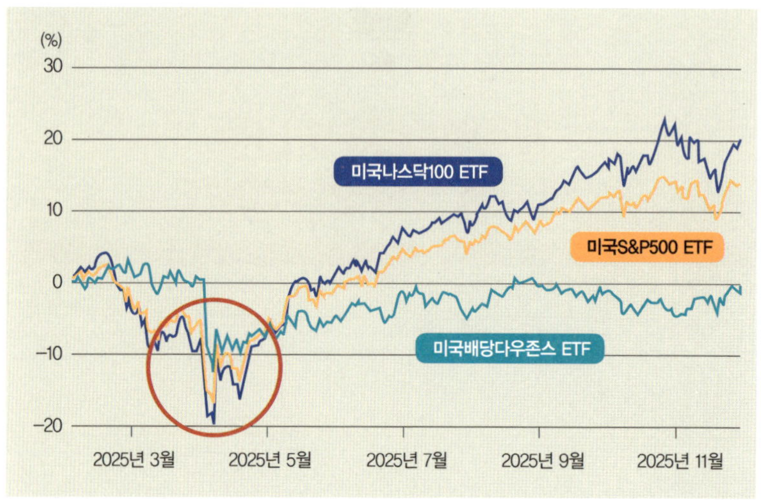

주가의 변동성은 나스닥100이나 S&P500보다 더딜 수 있지만, 나스닥100과 S&P500의 배당률이 약 1% 남짓한 것에 비해 3~4% 수준의 배당률로 상대적으로 높으며, 하락장에서 낙폭이 적어 변동성이 낮으면서 배당성장을 추구하는 분들에게 관심을 받는 ETF입니다.

실제로 2025년 상반기 트럼프 관세 부과 이슈로 인해 미국 증시가 크게 하락했을 때, 미국나스닥100 ETF는 약 25% 하락했고 미국 S&P500 ETF는 약 20% 하락한 반면, 미국배당다우존스 ETF의 경우 약 10% 수준으로 하락하면서 수비수 배당주의 역할을 충실히 해 주었습니다.

위 그래프를 보면 세 ETF의 하락 폭 차이가 명확하게 드러납니다. 파란색인 나스닥100이 가장 큰 폭으로 하락했고, 노란색인 S&P500

이 그다음, 하늘색인 미국배당다우존스가 가장 완만하게 하락한 것을 확인할 수 있습니다. 이것이 바로 배당주가 하락장에서 보여주는 방어력입니다.

2025년 외납세 개정, 알아야 할 세금 이슈

2025년 1월부터 시행된 세법 개정으로 인해 외납세액(외국납부세액) 공제 방법이 개편되었습니다.

기존에는 자산운용사가 해외에 세금을 납부하고 배당금을 받아오면, 해외에 납부한 세금에 대해서 국세청에서 환급을 해주는 방식이었습니다. 그 결과 투자자들은 세금이 차감되지 않은 배당금 전액을 받을 수 있었고, 연금저축에서 투자할 경우 연금 개시 전까지는 세금을 납부하지 않아도 되었습니다.

그러나 외납세액 개정으로 인해 국세청의 선환급 절차가 사라지면서, 2025년부터는 미국의 배당세 15%가 원천징수되어 세후로 입금됩니다. ISA 계좌와 연금계좌에서도 배당금을 받을 때 세후로 받게 된 것입니다.

여기서 문제가 발생합니다. 연금계좌의 경우 연금 수령 시 연금소득세를 납부해야 하고, ISA 계좌의 경우 일반형 기준 200만 원을 초과한 이익에 대해서는 9.9% 분리과세를 진행하는데, 이미 배당소득세가 원천징수된 상태에서 다시 한번 납부를 하기 때문에 이중과세

논란이 발생한 것이죠. 이에 정부에서는 크레딧 등 여러 가지 방법을 구상 및 추진 중에 있습니다.

과거에 배당세까지 재투자되었던 부분이 사라진 것은 아쉽지만, 미국 직투로 SCHD를 투자할 경우에도 처음부터 배당세가 원천징수되는 상황이므로 이것과 비교한다면 불이익은 아닙니다.

한 가지 더 알아둘 점이 있습니다. 국내 상장 해외 ETF의 옵션프리미엄에서 발생하는 배당금(분배금)의 경우에는 세전으로 모두 입금됩니다.

즉, 기업의 이익을 통한 배당이 아닌 옵션 매도로 인한 프리미엄 수익이기 때문에 이번 외납세에 영향 없이 세전으로 모두 입금되므로, 기존처럼 절세계좌에서 과세이연의 효과를 유지할 수 있습니다(세금에 대해서는 PART5에서 자세히 설명합니다).

   평생 월 500만 원 받는 월배당 ETF

07

커버드콜 전략, 기본 원리만 알고 가기

최근 배당 ETF에서 중심이 되고 있는 커버드콜 전략에 대해 간단히 설명하겠습니다. 커버드콜 ETF가 매달 높은 배당금을 지급할 수 있는 비결이 바로 이 커버드콜 전략에 있기 때문입니다. 여기서 복잡한 금융공학 이론까지 파고들 필요는 없습니다. 투자자로서 알아야 할 핵심 원리만 짚고 넘어가겠습니다.

커버드콜을 가장 쉽게 이해하는 방법은 부동산에 비유해보는 것입니다.

여러분이 시세 10억 원짜리 아파트를 소유하고 있다고 가정해봅시다. 어느 날 누군가 이런 제안을 합니다.

"1년 뒤 이 아파트값이 얼마가 되든 상관없이, 제가 11억 원에 살 수 있는 권리를 주십시오. 그 대가로 지금부터 매달 100만 원씩 따박따박 드리겠습니다.”

이것이 바로 커버드콜의 기본 구조입니다. 먼저 여러분은 10억 원짜리 아파트를 보유하고 있습니다(자산 보유). 그리고 미래에 특정 가격인 11억 원으로 팔겠다는 약속을 하고, 그 대가로 매달 100만 원씩 현금을 받습니다(권리 매도).

이 계약을 체결하면 1년 동안 총 1,200만 원(월 100만 원 × 12개월)의 확정적인 현금 수익을 먼저 손에 쥐게 됩니다. 언뜻 보면 손해 볼 것 없는 장사처럼 보이죠. 하지만 진짜 결과는 1년 뒤 아파트 가격에 따라 달라집니다.

가능한 시나리오는 크게 세 가지입니다.

첫 번째는 아파트값이 10억 5,000만 원으로 올랐을 때입니다. 이 경우 상대방은 11억 원에 살 권리를 포기합니다. 시장에서 10억 5,000만 원에 살 수 있는데, 굳이 11억 원을 줄 이유가 없기 때문입니다. 여러분은 아파트를 그대로 소유하면서 시세차익 5,000만 원을 얻습니다. 여기에 1년간 받은 옵션프리미엄 1,200만 원까지 더해져 총 6,200만 원의 이익을 거둡니다.

두 번째는 아파트값이 13억 원으로 크게 올랐을 때입니다. 이 경우 상대방은 권리를 행사합니다. 가격이 13억 원까지 올랐지만, 여러분은 약속대로 11억 원에 아파트를 팔아야 합니다. 매매차익 1억 원과 옵션프리미엄 1,200만 원을 합쳐 총 1억 1,200만 원을 벌게 됩니다. 여전히 이익이지만, 3억 원의 시세차익 중 2억 원은 포기해야

   평생 월 500만 원 받는 월배당 ETF

합니다. 가격이 크게 오를 때는 상승분이 11억 원에서 제한되기 때문에 여러분에게는 아쉬움이 남을 수밖에 없는 거래입니다. 이것이 커버드콜의 단점으로 꼽히는 '상방 제한'입니다.

세 번째는 아파트값이 9억 원으로 떨어졌을 때입니다. 이 경우 상대방은 11억 원에 살 권리를 포기합니다. 여러분에게는 아파트 가격 하락으로 1억 원 손실이 발생했지만, 1년간 받아둔 옵션프리미엄 1,200만 원은 확보되어 있습니다. 이를 합산하면 최종 손실은 8,800만 원이 됩니다. 손해를 보긴 했지만, 옵션프리미엄 덕분에 손실 폭이 줄었습니다. 이를 흔히 하락 충격을 일부 흡수해준다고 표현합니다.

이것이 커버드콜 전략의 본질입니다. 미래의 잠재적인 수익(시세차익)을 일부 포기하는 대신, 확실한 현재의 현금(옵션프리미엄)을 챙기는 거래라 할 수 있습니다.

커버드콜 ETF에 투자하는 이유

그렇다면 왜 커버드콜 ETF에 투자할까요? 가장 큰 이유는 매월 안정적인 현금흐름이 생기기 때문입니다.

성장주 ETF는 자산을 빠르게 불릴 수 있지만 배당금은 거의 없습니다. 일반 배당주 ETF는 보통 3~5% 수준의 배당금을 주는 상품들이 대부분입니다. 이 경우 퇴직금 1억 원으로 연 500만 원의 배당금이 나오면, 월 약 40만 원 수준의 배당금을 받게 됩니다. 월 40만 원 수준으로는 은퇴 후를 준비하기엔 너무 적은 금액일 수 있습니다.

그런데 커버드콜 ETF 중에서 일부 3세대 커버드콜의 경우는 강세장 때 상방도 어느 정도 열려 있어 주가 상승의 과실도 누리면서, 매월 높은 현금흐름을 추구하고 있어서 투자금이 크지 않은 경우 좋은 대안이 될 수 있습니다.

가장 합리적인 커버드콜 선택지는?

ETF는 결국 여러 기업을 담은 하나의 투자 상품입니다. 나스닥100처럼 성장주 중심의 ETF에 투자하면서 이런 생각을 할 수 있습니다.

'성장성을 조금 양보하더라도, 매월 현금흐름을 더 받을 수 있다면 좋겠다.'

이런 생각으로 커버드콜 ETF를 선택하는 것은 합리적입니다.

그런데 1세대로 불리는 초기 커버드콜 ETF들은 상방이 상당히 제한되어 있습니다. 성장성을 '조금만' 포기하려 했는데, 실제로는 상승장에서 수익 기회가 너무 많이 막혀버리는 경우가 있습니다. 그러면 높은 배당률로 매달 현금은 들어오지만, 정작 자산 가치는 거의 늘지 않거나 오히려 손실을 보는 상황이 발생할 수 있습니다.

반면 3세대 커버드콜 월배당 ETF는 상방이 비교적 잘 열려 있습니다. 상승장에서도 어느 정도 주가 상승을 따라갈 수 있으면서, 동시에 안정적인 월배당도 받을 수 있는 구조입니다. 그래서 저는 3세

  평생 월 500만 원 받는 월배당 ETF

대 커버드콜 월배당 ETF 위주로 종목을 선별합니다.

그리고 동일한 3세대 커버드콜이라 할지라도 종목 선별에 기준을 두고 있습니다. 성장성이 적은 기초지수에 커버드콜을 적용하는 ETF보다는, 성장성이 큰 기초지수에 커버드콜 전략을 사용하는 ETF 위주로 포트폴리오를 구성합니다.

나스닥100과 나스닥100커버드콜 ETF 비교하기

그렇다면 수많은 커버드콜 ETF 중 어떤 것이 좋은 상품일까요? 답은 바로 '총수익률(토털 리턴, Total Return)'에 있습니다.

커버드콜 ETF를 고를 때는 단순히 높은 배당률에만 현혹되어선 안 됩니다. 반드시 기초가 되는 원본 지수(나스닥100 등)와 총수익률을 비교해봐야 합니다. 총수익률은 주가 변동과 배당 수익을 모두 합산한 수치입니다. 만약 커버드콜 ETF의 총수익률이 원본 지수보다 지나치게 낮다면, 이는 당장의 현금을 받는 대가로 미래의 성장성을 과도하게 희생하고 있다는 신호입니다.

반대로 총수익률이 원본 지수의 궤적을 어느 정도 추종하면서 현금흐름까지 만들어내고 있다면, 그것이야말로 성장과 배당의 밸런

   평생 월 500만 원 받는 월배당 ETF

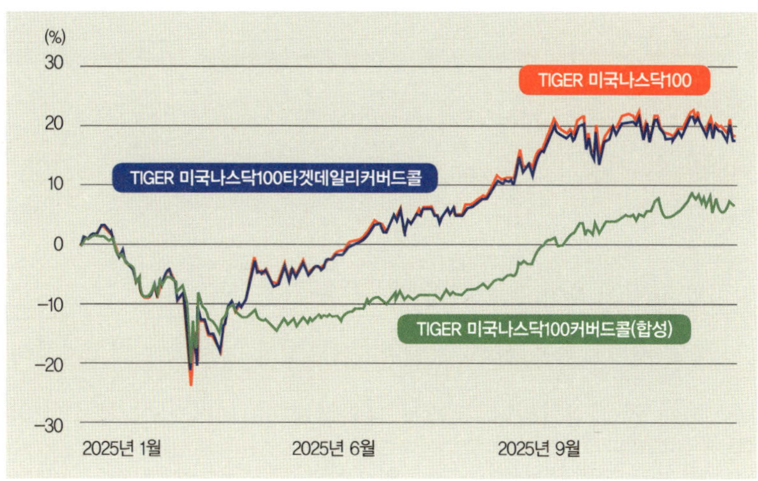

스를 갖춘 우수한 상품이라 할 수 있습니다.

위 그래프를 보면 그 차이가 확연히 드러납니다. 나스닥100 지수를 그대로 추종하는 TIGER 미국나스닥100과 1세대 커버드콜인 TIGER 미국나스닥100커버드콜(합성), 그리고 최근 등장한 3세대 커버드콜인 TIGER 미국나스닥100타겟데일리커버드콜의 수익률을 비교해보았습니다.

최근 1년간의 성적표는 놀라울 정도로 차이가 큽니다. 원본 지수인 TIGER 미국나스닥100(빨간색)이 17.69% 상승하는 동안, 3세대 커버드콜(파란색)은 16.72%의 수익률을 기록하며 지수의 상승분을 거의 놓치지 않았습니다. 반면 1세대 커버드콜(초록색)은 단지 6.42% 상승에 그쳤습니다. 똑같이 배당을 주는 커버드콜 상품이라도, 세대에 따른 구조적 차이가 투자자의 최종 수익률을 완전히 갈라놓은 것입니다.

커버드콜 ETF 1세대 vs 3세대의 차이

이러한 차이는 옵션 매도 비중에서 비롯됩니다.

1세대 커버드콜은 옵션 매도 비중을 높게 설정하여 기초자산의 움직임에 덜 민감합니다. 그래서 상승장에서는 상승률이 적지만, 하락장에서는 하락률도 적은 특징이 있습니다. 나스닥100이나 3세대 커버드콜보다 방어력이 좋은 셈입니다.

반면 3세대 커버드콜은 옵션 매도 비중을 낮게 설정합니다. 최근에는 커버드콜 옵션 매도 비중을 10% 정도만 유지하고, 나머지 90%는 주가 상승분에 동참하도록 설계된 ETF들이 많습니다. 이 경우 상승장에서 기초자산 상승분의 약 90%를 추종합니다.

위에서 예시로 든 TIGER 미국나스닥100타겟데일리커버드콜이 바로 3세대 커버드콜 ETF에 해당하며, 주가 흐름도 기초자산인 나스닥100의 흐름과 유사하게 움직입니다.

결국 커버드콜 월배당 ETF를 선택할 때 절대 잊지 말아야 할 기준은 총수익률입니다. 단순히 높은 배당률에만 현혹되어 투자했다가는, 배당금은 많이 받지만 원금은 계속 감소되는 상황이 발생할 수 있습니다. 그래서 성장과 배당의 밸런스를 모두 잡은 상품을 선택하는 것이 중요합니다.

자가배당은 왜 어려운가?

"성장주에 100% 투자하고 매월 일부 수량을 매도해서 자가배당하면 되는 게 아닌가요?"라고 질문하는 분들이 있습니다.

이론적으로는 괜찮아 보입니다. 하지만 매달 꾸준히 실제로 할 수 있는 사람이 얼마나 될까요? 상승장일 때는 더 오를까 봐 못 팔고, 하락장일 때는 더 내릴까 봐 못 팝니다. 결국 감정에 휘둘려 계획대로 실행하지 못하는 경우가 대부분입니다.

우리가 ETF에 투자하는 이유는 크게 두 가지입니다.

첫째, 여러 종목을 한 번에 담아서 리스크를 분산할 수 있습니다.

둘째, 내가 원하는 투자 전략을 하나의 ETF로 자동으로 실행할 수 있습니다.

만일 스스로 자가배당도 하고 종목 관리도 다 할 거라면, 나스닥100 ETF에 투자하기보다는 차라리 나스닥100 구성종목에 직접 투자하는 게 수수료 면에서 더 유리할 수 있습니다. 운용보수가 없으니까요. 또는 빅테크 TOP10 ETF를 사는 대신 그냥 10개 종목을 직접 사면 됩니다.

결국 ETF를 사는 핵심은 '편리함'과 '일관성'입니다. 내가 힘들게 할 것을 전문가가 알아서 해주고, 감정의 개입 없이 기계적으로 전략을 실행해줍니다. 아주 적은 운용보수만 내면 되는 것이죠.

자가배당은 실제로 꾸준히 실행할 자신이 있다면 시도해볼 만합니다. 그러나 스스로 매달 일정 수량을 기계적으로 매도하기 어렵다면, 총수익률이 좋은 커버드콜 월배당 ETF가 현실적으로 더 나은 선택지가 될 수 있습니다.

배당 ETF 선택의 핵심, 기초지수부터 챙기기

배당 ETF를 고를 때 많은 사람들이 배당률부터 봅니다. "이 ETF는 배당률이 12%네, 저건 8%밖에 안 되네"라면서 높은 배당률부터 챙기는 것이죠. 하지만 배당 ETF 선택에서 가장 중요한 것은 배당률이 아니라 구성종목, 즉 기초지수입니다.

기초지수가 우상향해야 하는 이유

ETF는 특정 지수나 자산 묶음을 추종하는 상품입니다. 이 기초지수가 장기적으로 우상향할 수 있는지, 그 성장 수준이 연평균 얼마나 될 것인지가 투자 성패를 좌우합니다.

아무리 배당을 많이 줘도 기초지수가 우하향하면 원금이 계속 감소합니다. 과거에는 배당성장이 잘 됐어도, 기초지수가 무너지면 미래에는 배당성장이 안 될 수 있습니다. 심하면 배당 자체가 줄어들거나 중단될 수도 있습니다.

예를 들어볼까요(이해를 돕기 위해 배당락에 따른 주가 하락은 배제하고 단순화하여 계산했습니다). A ETF는 배당률 15%를 줍니다. 하지만 기초지수가 매년 10%씩 하락합니다. 1억 원을 투자하면 첫해 1,500만 원 배당을 받지만, 원금은 9,000만 원으로 줄어듭니다. 이듬해에는 배당금도 1,350만 원으로 줄고, 원금은 8,100만 원이 됩니다. 5년 후면 원금은 5,900만 원으로 반토막이 나고, 배당금도 885만 원으로 쪼그라듭니다.

반면 B ETF는 배당률 5%를 줍니다. 하지만 기초지수가 매년 10%씩 성장합니다. 1억 원을 투자하면 첫해 500만 원 배당을 받고, 원금은 1억 1,000만 원이 됩니다. 이듬해 배당금은 550만 원, 원금은 1억 2,100만 원입니다. 5년 후 배당금은 805만 원으로 늘어나고, 원금은 1억 6,100만 원으로 증가합니다.

단기적으로는 A ETF가 배당을 더 많이 주지만, 장기적으로는 B ETF가 원금도 지키고 배당도 성장시킵니다. 이것이 기초지수의 성장 및 적절한 배당률로 구성된 종목을 발굴하는 것이 중요한 이유입니다. 이것이 제가 배당투자할 때 가장 중요하게 생각하는 종목 선별 기준의 하나입니다.

배당 ETF 선택의 3단계 원칙

배당 ETF를 선택할 때 저는 다음 순서를 지킵니다.

1단계: 기초지수

먼저 기초지수를 결정합니다. 이 ETF가 어떤 자산에 투자하는지 확인하는 것이죠. 코스피200인가, 나스닥100인가, S&P500인가, 아니면 특정 산업이나 테마인가. 기초지수의 과거 성과와 미래 전망을 살펴봐야 합니다.

좋은 기초지수에는 몇 가지 조건이 있습니다. 먼저 장기 우상향 추세가 명확해야 합니다. 일시적인 상승이 아니라 꾸준히 올라온 역사가 있어야 하죠. 그리고 연평균 5% 이상의 성장률을 보이면 좋습니다. 그래야 인플레이션을 이기고 실질적인 자산 증식이 가능합니다.

또한 분산이 잘 되어 있어야 합니다. 특정 종목에 쏠림 현상이 심하면 그 종목이 무너질 때 전체 지수가 함께 무너집니다. 마지막으로 구성종목이 우량하고 미래 성장성이 있어야 합니다. 과거의 영광에 기댄 후퇴하는 기업들보다는 미래 산업을 이끌어갈 혁신 기업들이 포함되어 있으면 더 좋다고 봅니다.

2단계: 배당률(분배율) 체크

기초지수를 정했으면 이제 배당률을 확인합니다. 배당금이 얼마나 나오는지, 그 배당이 지속 가능한지를 살펴봐야 합니다.

주의할 점은 배당률이 너무 높으면 의심해야 한다는 것입니다. 기초지수 성장률보다 배당률이 지나치게 높으면 원금을 깎아먹는 구조일 수도 있습니다.

3단계: 배당(분배) 주기 파악

마지막으로 배당 주기를 확인합니다. 월배당인지, 분기배당인지, 연배당인지를 살펴보고 본인의 현금흐름 필요에 맞춰 선택합니다.

당장 생활비가 필요하다면 월배당이 좋습니다.

저는 월배당 ETF 중에서도 배당지급일이 다른 종목들로 포트폴리오를 구성했습니다. 월초에 배당을 주는 종목과 월중순에 배당을 주는 종목을 조합해서, 한 달에 두 번 현금이 들어오도록 설계한 것입니다.

이렇게 하면 현금흐름이 더 촘촘해지고, 갑작스러운 지출에도 유연하게 대응할 수 있습니다. 마치 월급을 월초에 한 번, 월중순에 한 번 더 받는 것처럼 현금 관리가 한결 수월해집니다.

첫째 마당
ETF 배당투자의 기본 개념 익히기

용어를 알아야 스스로 판단할 수 있다

배당투자를 시작하는 사람들이 가장 먼저 부딪히는 벽이 바로 용어입니다. 배당기준일, 배당지급일, 배당락일… 처음 듣는 용어들이 쏟아집니다. 그런데 무슨 뜻인지 모르면 그냥 남의 말만 따라 할 수밖에 없습니다.

그래서 용어를 알아야 합니다. 용어를 모르면 스스로 판단할 수 없습니다. 누군가 "이 ETF 좋아요"라고 하면 그냥 믿고 살 수밖에 없죠. 왜 좋은지, 내게 맞는지 알 수 없으니까요.

그러나 꼭 기억하세요. 남한테 좋은 ETF가 나에게도 좋은 것은 아닙니다. 남에게 잘 맞는 옷이 나에게 잘 맞는 것은 아니듯이요. 그래서 나에게 맞는 옷, 나에게 맞는 ETF를 찾는 것이 중요합니다.

그러기 위해선 먼저, 기본 용어를 알아봅시다. 다행히 배당투자에 필요한 용어는 생각보다 많지 않습니다.

기초지수란?

ETF를 이해하려면 먼저 '기초지수'를 알아야 합니다. ETF는 특정 지수를 추종하도록 설계된 상품이기 때문입니다.

기초지수란 ETF가 따라가는 기준이 되는 지수를 말합니다. 예를 들어 KODEX 200이라는 ETF는 코스피200 지수를 기초지수로 삼습니다. 코스피200이 오르면 KODEX 200 ETF도 따라 오르고, 내리면 함께 내립니다.

배당 ETF도 마찬가지입니다. 국내 상장 미국 ETF도 같습니다.

예를 들어 TIGER 미국나스닥100 ETF는 나스닥100 지수를 추종합니다. 따라서 이 ETF를 매수하면 나스닥 100개 종목을 매수하는 것과 같습니다.

기초지수를 확인하면 내가 산 ETF가 어떤 종목에 투자하는지 알 수 있습니다. 그래서 ETF를 고를 때는 반드시 기초지수가 무엇인지 확인해야 합니다.

배당금(분배금)이란?

배당 ETF에 투자하면 정기적으로 돈을 받습니다. 이때 받는 돈을 '분배금'이라고 부릅니다. 개별 주식에서 받는 '배당금'과 비슷하지만 용어가 다릅니다.

배당금은 개별 기업이 주주에게 이익을 나눠주는 돈입니다. 예를 들어 삼성전자 주식을 가지고 있으면 삼성전자가 직접 배당금을 지급합니다.

분배금은 ETF가 투자자에게 지급하는 돈입니다. ETF는 여러 기업의 주식을 보유하고 있습니다. ETF가 보유한 기업들로부터 배당금을 받으면, 그 돈을 모아서 ETF 투자자들에게 나눠줍니다. 이것이 분배금입니다.

이 책에서는 이해를 돕기 위해 두 용어를 혼용했지만, 엄밀히 말하면 ETF에서는 '분배금'이 정확한 표현입니다.

배당률(분배율)이란?

분배율은 ETF가 투자자에게 지급하는 분배금의 비율을 나타내는 지표입니다. 일반적으로 연 단위로 표시되며, 'ETF 연간 분배금 총액 ÷ ETF 기준가 × 100'으로 계산됩니다.

예를 들어 기준가 1만 원인 ETF가 1년간 총 500원의 분배금을 지급했다면, 분배율은 5%입니다. 월배당 ETF의 경우 월 분배율로도 표시되는데, 월 분배금 50원이면 월 분배율은 0.5%가 됩니다.

기억해야 할 것은 연 분배율이 반드시 보장되는 것은 아니라는 점입니다. ETF 운용사가 제시하는 분배율은 목표 예상 수치이므로, 매월 분배금을 체크하면서 '이번에 0.4% 나왔네, 목표에 부합하는구나' 하고 확인하는 과정이 필요합니다. 시장 상황, 배당 지급시기, 커버드콜 프리미엄 수익 등에 따라 변할 수 있다는 점을 인지하면서 투자를 하는 것이 바람직합니다.

분배금과 마찬가지로 이 책에서는 이해를 돕기 위해 분배율과 배당률 두 용어를 혼용했습니다.

배당기준일(지급기준일)이란?

배당기준일(지급기준일)은 '이날 주주였던 사람에게 배당금(분배금)을 주겠다'고 정하는 날입니다.

예를 들어 KODEX 200타겟위클리커버드콜의 배당기준일은 매달 중순(15일)입니다.

그런데 이 기준일은 결제 기준일이므로, 영업일 2일 전인 13일까지 보유하고 있던 투자자가 배당금을 받게 됩니다. 국내 증권거래소의 경우 13일에 매수하면 실제 결제일은 영업일 2일 뒤인 15일이 되는 시스템이기 때문입니다.

월배당 ETF는 매월 중순이나 말일을 배당금 기준일로 정하는 경우가 많습니다. 따라서 배당을 받으려면 배당금 기준일을 기준으로 영업일 2일 전까지 ETF를 매수해 보유하고 있어야 합니다.

이러한 배당기준일(지급기준일)·배당금(분배금)·지급일 정보는 해당 ETF 자산운용사 공식 홈페이지나 한국거래소(KRX) 공시, 그리고 증권사 HTS·MTS의 ETF 종목 정보 화면에서 확인할 수 있습니다.

지급기준일	실지급일	분배율(%)	분배금액(원)	주당과세표준액(원)
25.12.15	25.12.17	1.46%	196	3
25.11.14	25.11.18	1.41%	196	0
25.10.15	25.10.17	1.40%	172	8
25.09.15	25.09.17	1.41%	161	6
25.08.14	25.08.19	1.45%	163	8
25.07.15	25.07.17	1.42%	161	10
25.06.13	25.06.17	1.42%	150	4
25.05.15	25.05.19	1.43%	139	5

출처: 삼성자산운용

배당락일이란?

배당락일은 배당을 받을 권리가 없어지는 날입니다. 이날부터 ETF를 사면 이번 배당은 받지 못합니다.

예를 들어볼까요?

배당기준일이 3월 31일(금요일)이라고 가정해봅시다. 3월 29일에 ETF를 사면 결제일이 3월 31일이 되어 배당기준일에 주주로 등록됩니다. 하지만 3월 30일(목요일)에 사면 결제일이 4월 3일(월요일)이 되어 배당기준일에는 주주가 아니므로 배당을 받지 못합니다. 그래서 3월 30일이 배당락일이 되는 것입니다.

배당락일에는 보통 ETF 가격이 배당금만큼 떨어집니다. 배당을 받을 권리가 없어졌기 때문입니다. 예를 들어 주가가 10,000원이고 배당금이 100원이라면, 배당락일에는 가격이 9,900원 정도로 조정됩니다.

평생 월 500만 원 받는 월배당 ETF

배당지급일(실지급일)이란?

배당지급일(실지급일)은 실제로 배당금이 내 계좌에 입금되는 날입니다. 배당기준일과는 다릅니다. 배당기준일에 주주 명단을 확정하고, 며칠 뒤에 실제로 돈을 지급하는 것입니다.

국내 상장 ETF는 보통 배당기준일로부터 3~15영업일 이내에 배당금을 지급합니다. 정확한 배당지급일은 ETF마다 다르므로, 해당 ETF의 공시나 운용사 홈페이지에서 확인할 수 있습니다.

매달 배당금이 지급되도록 설계된 월배당 ETF의 경우 크게 두 가지 유형이 있습니다. '월초 배당 ETF'와 '월중순 배당 ETF'입니다.

- 월초 배당 기준 ETF: 매월 말일(마지막 영업일)을 배당기준일로 정하고, 다음 달 초에 배당금을 지급합니다.
- 월중순 배당 기준 ETF: 매월 중순(대개 15일)을 배당기준일로 정하고, 그로부터 며칠 뒤 배당금을 지급합니다

같은 월배당 ETF라도 배당을 받는 시점이 다르므로, 두 가지 유형을 조합하면 한 달에 두 번 배당을 받을 수도 있습니다.

총수익이란?

총수익(토털 리턴, Total Return)은 투자를 해서 얻은 모든 수익을 합친

것입니다.

ETF에 투자하면 두 가지 방식으로 수익을 얻습니다. ETF 주가 상승에 따른 차익과 배당금을 통한 수익입니다.

- 가격 상승: ETF 가격이 올라서 생기는 시세차익
- 배당금: ETF가 지급하는 배당금(분배금)

총수익은 이 두 가지를 모두 합친 개념입니다. 예를 들어 10,000원에 산 ETF가 11,000원이 되었고, 그동안 배당금으로 500원을 받았다면 총수익은 1,500원(15%)입니다. ETF 주가만 보면 10% 올랐지만, 배당금까지 합치면 실제로는 15% 수익을 낸 것입니다.

배당 ETF를 평가할 때는 반드시 총수익을 봐야 합니다. ETF 가격만 보면 손해인 것처럼 보여도, 배당금까지 합산하면 수익일 수 있기 때문입니다. 특히 고배당 ETF는 배당금을 많이 주는 대신 주가상승이 적을 수 있습니다. 이때 총수익으로 봐야 진짜 수익률을 알 수 있습니다.

실제 예시로 한눈에 보기

이제 실제 사례로 전체 흐름을 정리해봅시다. KODEX 200타겟위클리커버드콜 ETF를 예시로 살펴보겠습니다.

- **기초지수**: 코스피200 지수 (국내 대표 대형주 200개 종목으로 구성)

- **배당 기준 구조**: 월 분배

- **월 분배율**: 약 1.4% 내외 (최근 1년 기준)

투자 시나리오

3월 13일에 주당 10,000원의 가격으로 1,000주를 매수해 보유하고 있다고 가정해봅시다. 운용사에서 배당금 공시를 통해 이번 배당금이 주당 140원임을 알립니다. 이 경우 3월 배당률은 1.4%에 해당됩니다.

월중순 배당 ETF이므로 3월 15일 기준 주주로 확정됩니다. 3월 14일 배당락이 발생하면서 주가가 배당금 140원만큼 하락해 10,000원에서 9,860원 수준이 될 수 있습니다.

이후 배당지급일에 배당금 140원이 입금됩니다(과세 대상인 경우 배당소득세를 제한 금액이 입금됩니다).

- **기초지수**: ETF 수익률의 기준이 되는 지수

- **배당금(분배금)**: 투자자에게 배분되는 운용 이익

- **배당기준일**: 배당을 받을 주주가 확정되는 날

- **배당락일**: 배당 권리가 소멸하여 주가가 조정되는 날

- **매수 마감**: 배당 권리 확보를 위한 최종 매수일 (기준일 2영업일 전)

- **배당지급일**: 계좌로 배당현금이 실제 입금되는 날

- **총수익(TR)**: 시세차익과 분배금을 합산한 실제 수익

ETF 이름과 성격 해독하기

이제 배당투자의 핵심 용어들을 이해했을 겁니다. 배당기준일이 왜 중요한지, 배당금은 언제 받는지 등을 알게 되었으니, 본격적으로 다양한 ETF의 특징을 살펴볼 차례입니다.

ETF 종류

ETF는 투자 대상과 전략에 따라 여러 종류로 나뉩니다. 각각의 특징을 알아두면 자신에게 맞는 ETF를 선택하고 포트폴리오를 구성하는 데 도움이 됩니다.

지수 ETF

특정 지수를 그대로 따라가는 가장 기본적인 ETF입니다. 코스피200, S&P500, 나스닥100과 같은 지수가 오르면 같이 오르고, 떨어지면 같이 떨어집니다. KODEX 200, KODEX 미국S&P500, TIGER 미국나스닥100과 같은 상품이 대표적이죠. 시장 전체의 성장에 베팅하는 것이기 때문에 가장 기본이 되는 ETF입니다.

섹터 ETF

특정 산업에 집중적으로 투자합니다. AI, 반도체, 휴머노이드 로봇,

자율주행, 우주항공, 2차전지, 바이오, 금융 같은 특정 업종만 하나의 ETF에 담는 것이죠. 해당 산업이 성장하면 큰 수익을 얻을 수 있지만, 반대로 그 산업이 침체되면 손실도 클 수 있습니다.

배당 ETF

배당을 많이 주는 기업들만 모아놓은 상품입니다. 꾸준한 현금 흐름이 목적입니다. 이 책에서 주로 다루는 ETF가 바로 배당 ETF입니다. 배당 ETF 안에서도 고배당 ETF, 배당성장 ETF, 커버드콜 ETF 등 세부 전략이 다양하게 나뉩니다.

채권 ETF

주식이 아니라 채권에 투자합니다. 국채, 회사채 등을 담아서 안정적인 이자 수익을 추구합니다. 주식보다 변동성이 낮아서 안전자산으로 분류되죠. 채권과 주식을 섞은 '채권혼합 ETF'도 있는데, 이는 주식의 성장성과 채권의 안정성을 동시에 추구하는 상품입니다. 주식시장이 불안할 때 채권이 버팀목 역할을 해주기 때문에, 변동성을 줄이고 싶은 투자자에게 유용합니다.

원자재 ETF

금, 은, 구리와 같은 실물 자산에 투자하는 상품입니다. 주식시장과 다른 방향으로 움직이는 경우가 많아서 분산투자 효과가 있습니다. 특히 금 ETF는 인플레이션 헤지 수단으로, 경제 위기 시 안전자산으로 활용됩니다. 금 ETF의 경우 포트폴리오의 일부에 적절히 편입하는 것도 고려해볼 만합니다.

부동산 리츠 ETF

부동산에 투자하는 리츠(REITs) 기업들을 담습니다. 부동산 임대 수익을 배당으로 받을 수 있어서 배당투자자들이 선호하기도 합니다.

파생상품 ETF

레버리지와 인버스가 있습니다. 레버리지는 지수가 오를 때 그 상승폭의 2배에서 3배까지 수익을 추구하고, 인버스는 지수가 하락할 때 수익이 나는 구조입니다. 레버리지는 변동성이 크다는 것을 알고 있어야 하며, 그만큼 기회와 리스크가 함께 존재합니다.

한편 인버스는 일반 초보자의 경우 거의 투자하지 않습니다. 인버스는 장기 우상향이 구조적으로 불가능하기 때문입니다.

ETF 운용 방식

ETF는 기본적으로 특정 지수를 추종하는 펀드 상품으로, 패시브 전략을 기본으로 합니다. 하지만 최근에는 운용사가 적극적으로 관리하는 액티브 ETF도 늘어나고 있습니다.

패시브(Passive) ETF

특정 지수를 그대로 따라가는 가장 기본적인 ETF입니다. 운용사가 임의로 종목을 선택하거나 비중을 조절하지 않고, 정해진 지수의 구성종목을 그대로 따라갑니다. 예를 들어 KODEX 200은 코스피200 지수를 그대로 추종하는 상품입니다. 지수가 오르면 같이 오르고, 떨어지면 같이 떨어집니다. 단순히 기초지수를 따라가기 때문에 운용 방식이 투명하고 수수료가 저렴한 것이 장점입니다.

액티브(Active) ETF

운용사가 시장 상황에 따라 적극적으로 개입하는 ETF입니다. 변동성이 큰 시장에서 구성종목의 비중을 조절하거나 리밸런싱을 통해 시장 수익률을 초과 달성하는 것을 목표로 합니다. 예를 들어 특정 종목의 전망이 좋지 않다고 판단하면 비중을 줄이고, 유망한 종목의 비중을 늘리는 식입니다. 운용사의 전문적 판단이 들어가므로 패시브 ETF보다 수수료가 높지만, 시장 상황에 탄력적으로 대응할 수 있다는 장점이 있습니다. 이름에 '액티브'가 들어가는 경우가 많습니다.

예를 들어 1Q 200액티브, KODEX 미국S&P500액티브 등 ETF 종목명 뒤에 액티브로 표시되어 있습니다.

간단히 정리하면, 패시브 ETF는 지수를 그대로 따라가고, 액티브 ETF는 적극적인 운용을 통해 기초지수보다 높은 수익을 추구한다고 이해하면 됩니다.

환율 관리 방식

국내 상장 해외 ETF에 투자할 때는 환율도 반드시 신경 써야 합니다. ETF는 환헤지형과 환노출형으로 나뉩니다.

환헤지형

환율 변동 위험을 최소화하도록 설계된 ETF입니다. 달러가 오르든 내리든 환율의 영향을 거의 받지 않고, 순수하게 주식 자체의 수익률만 추종합니다. ETF 종목명 뒤에 (H) 표시가 붙어 있습니다(H는 Hedge의 약자). 환율 변동을 피하고 싶거나 원화 강세가 예상될 때 적합합니다.

> **예시: TIGER 미국나스닥100(H), KODEX 미국S&P500(H)**

환노출형

환율 변동을 그대로 받아들이는 ETF입니다. 달러가 강세를 보이면(원화 약세) 환차익이 발생해 수익률이 높아지고, 달러가 약세를 보이면(원화 강세) 환차손이 발생합니다. 이름에 특별한 표시가 없으면 대부분 환노출형입니다.

예를 들어, 기초지수에는 변화가 없는데 달러가 1% 상승했다면 환노출형 ETF는 주가가 1% 상승합니다. 반대로 달러가 1% 하락했다면 주가가 1% 하락합니다. 원화 약세(달러 강세)가 예상될 때 환노출형이 유리합니다.

국내 ETF 이름 해독하기

이제 국내 상장 ETF 이름 읽는 법을 알아보겠습니다. 처음 국내 상장 ETF를 보면 이름이 너무 길어서 당황할 수 있습니다.

'TIGER 미국S&P500타겟데일리커버드콜'

이런 식입니다. 무슨 암호 같아 보이죠. 하지만 걱정하지 마세요. 규칙만 알면 누구나 쉽게 읽을 수 있습니다.

국내 상장 ETF 이름은 크게 세 부분으로 나뉩니다.

예를 들어볼까요?

이 긴 이름을 세 부분으로 나누면 이렇습니다.

-   운용사 브랜드: TIGER (미래에셋자산운용)

-   투자 대상: 미국S&P500 (미국 시장을 대표하는 500개 대형 우량주)

-   투자 전략: 타겟데일리커버드콜 (연 예상 배당률 약 10~15%를 타겟으로 하는 커버드콜 ETF)

정리하면, 미래에셋자산운용이 운용하는 이 ETF는 미국 대형 우량주 500개에 투자하면서 데일리커버드콜 전략을 활용해 매월 배당금을 지급하는 상품입니다.

또 다른 예시를 볼까요?

KODEX 금융고배당TOP10

단어별로 풀어보면 다음과 같습니다.

-   운용사 브랜드: KODEX (삼성자산운용)

-   투자 대상: 금융고배당 (금융업종의 고배당주)

-   투자 전략: TOP10 (상위 10개만 선별)

정리하면, 삼성자산운용이 한국 금융주 중 고배당 10개 종목을 담은 ETF입니다.

평생 월 500만 원 받는 월배당 ETF

KIWOOM 미국S&P500&GOLD

- 운용사 브랜드: KIWOOM (키움투자자산운용)

- 투자 대상: 미국S&P500&GOLD (미국 대표 주가지수와 금에 투자)

- 투자 전략: & 기호가 핵심 (두 전략 혼합)

정리하면, 키움투자자산운용이 미국 S&P500 지수와 금(GOLD)을 혼합해 운용하는 ETF입니다. 미국S&P500에 약 90%, 금에 약 10% 의 비중으로 혼합하여 운용합니다.

1Q 미국나스닥100미국채혼합50액티브

- 운용사 브랜드: 1Q (하나자산운용)

- 투자 대상: 미국나스닥100 + 미국채권 (미국 기술주와 채권을 섞음)

- 투자 전략: 혼합50 + 액티브 (50:50 비율로 혼합하여 적극적 운용)

정리하면, 하나자산운용이 출시한, 미국 나스닥100 50%와 미국 단기채권 50%를 섞어서, 성장도 노리면서 변동성은 줄인 액티브 ETF입니다.

채권혼합 ETF의 장점은 무엇일까요? 주식이 하락할 때 채권이 버 팀목이 되어줍니다. 주식이 상승할 때는 수익을 함께 누리고, 주식 이 하락할 때는 채권이 손실을 완충해주죠. 특히 40대 이후 변동성을 줄이고 싶거나, 은퇴가 가까워서 안정성을 원하는 투자자에게 적합합니다.

채권혼합 ETF는 퇴직연금계좌에서 의무적으로 안전자산을 일부 담아야 할 때도 유용합니다. 채권만 담으면 수익이 너무 낮지만, 채권혼합 ETF를 담으면 안전자산 요건을 충족하면서도 성장 자산에 투자하는 효과를 얻을 수 있습니다.

주요 운용사 브랜드 알아두기

- KODEX: 삼성자산운용

- TIGER: 미래에셋자산운용

- RISE: KB자산운용

- PLUS: 한화자산운용

- ACE: 한국투자신탁운용

- SOL: 신한자산운용

- 1Q: 하나자산운용

- KIWOOM: 키움투자자산운용

- KoAct: 삼성액티브자산운용

- TIME: 타임폴리오자산운용

- HANARO: NH-Amundi자산운용

- WON: 우리자산운용

평생 월 500만 원 받는 월배당 ETF

투자 대상

- 미국 / 한국 / 코리아: 투자 지역
- S&P500: 미국 대형주 500개
- 나스닥100: 미국 기술주 100개
- 빅테크: 초대형 기술 기업
- 금융: 은행, 증권, 보험
- 고배당: 배당 많이 주는 기업
- 다우존스: 미국 우량 기업 30개

투자 전략

- 커버드콜: 옵션프리미엄으로 배당 늘림
- 타겟: 목표가 정함
- 데일리: 매일 새로 설정
- 액티브: 운용사가 종목 선정, 비중 조절 등 탄력적 대응
- TOP10: 상위 10개만 선별
- &: 두 가지 전략 혼합
- 채권혼합: 주식과 채권을 함께 담아 안정성 높임

이 정도만 알아두면 어떤 ETF든 이름만 봐도 "아, 이게 뭐에 투자하고 어떤 전략을 쓰는구나" 하고 바로 이해할 수 있습니다. 단, 세부적인 구성종목 및 비중, 그리고 상세한 투자 전략과 배당금 등은 투자설명서 및 각 운용사 홈페이지에서 확인해야 합니다.

NAV(순자산가치)

NAV는 ETF가 실제로 보유하고 있는 자산의 진짜 가치를 말합니다. ETF를 여러 주식이나 채권을 담은 바구니라고 생각해보세요. 이 바구니 안에 든 모든 자산의 가치를 합한 뒤, ETF 총 발행 주식수로 나누면 1주당 NAV가 나옵니다.

> NAV = (보유 자산 총액 − 부채, 운용보수) ÷ 총 발행 주식수

예를 들어 A ETF가 있고, 이 ETF의 자산이 2,050만 원이고, 운용보수가 10만 원이라고 가정합시다. 먼저 순자산총액을 구하기 위해 자산에서 운용보수를 뺍니다. 2,050만 원에서 10만 원을 빼면 2,040만 원이 됩니다. 이제 이 금액을 ETF 발행 주식수 1만 주로 나누면, 1주당 NAV는 2,040원이 됩니다.

> (2,050만 원 − 10만 원) ÷ 1만 주 = 2,040원

NAV는 매일 장 마감 후 계산됩니다. 하지만 ETF는 주식처럼 실시간 거래되므로, 실시간 가치를 보여주는 지표가 필요합니다.

iNAV(실시간 추정 순자산가치)는 거래소가 실시간으로 제공하는 ETF의 추정 가치입니다. 기초자산의 가격 변동을 실시간으로 반영해 매수·매도 호가 기준이 됩니다. '추정'이라고 부르는 이유는 100% 정확할 수 없기 때문입니다.

괴리율

ETF는 기초자산의 가치를 계산한 후 이를 지수화하여 거래하다 보니, 순자산가치(NAV)와 시장가격 사이에 약간의 차이가 발생할 수 있습니다.

시장가격이 NAV보다 높으면 '가격이 높게 거래된다'고 하고, 시장가격이 NAV보다 낮으면 '가격이 낮게 거래된다'고 합니다. 이때 시장가격과 NAV의 차이를 괴리도라고 하며, 그 차이의 비율을 괴리율이라고 부릅니다.

예를 들어 어떤 ETF의 NAV(실제 가치)가 10,000원인데, 시장에서 10,200원에 거래된다면, 괴리율은 +2%로 NAV보다 200원 비싸게 거래되고 있다고 볼 수 있습니다.

반대로 시장 거래가격이 9,800원이라면 괴리율이 –2%로 NAV보다 200원 싸게 거래되고 있는 것입니다.

괴리율이 생기면 투자자가 ETF를 실제 가치보다 비싸게 사거나 싸게 파는 상황이 생길 수 있습니다.

따라서 ETF를 매매하기 전에는 현재 괴리율을 확인하는 것이 좋습니다. 일반적으로 괴리율이 낮을수록 가격의 안정성이 높습니다.

유동성공급자(LP)

유동성 공급자(LP, Liquidity Provider)는 증권사 등이 맡는 역할로, ETF 시장에서 중간자 역할을 합니다. LP는 ETF의 시장가격과 iNAV(실시간 추정 순자산가치) 사이의 괴리율을 줄이기 위해 존재합니다.

ETF는 순자산이 추종하는 지수에 맞게 설계되어 있지만, 시장에서 거래되다 보니 몇 가지 문제가 생길 수 있습니다. 거래하는 사람이 없다거나 또는 누군가 가격을 높게 불러 ETF 가격을 조작하려 하는 등의 문제입니다. 이런 문제를 해결하기 위해 LP 제도가 도입되었습니다.

LP는 일반 투자자들이 자유롭게 거래할 수 있도록 중간에서 ETF 호가를 관리합니다. 이때 중요한 것은 ETF의 iNAV에 가깝게 호가를 제시하여 가격 괴리를 방지하는 것입니다. 실제 거래 화면을 보면 매도와 매수 양쪽에 'LP'라고 표시된 부분에 많은 거래량이 걸려 있는 것을 볼 수 있습니다. 개인투자자의 주문량이 적더라도 LP가 양쪽에 충분한 주문을 넘으로써 투자자들이 원활하게 매매할 수 있게 되는 것입니다.

하지만 LP가 항상 시장에 존재하는 것은 아닙니다. 장 시작 직후와 장 마감 직전에는 LP의 호가 제출 의무가 없습니다. 해당 시간에는 괴리율이 크게 발생할 수 있으므로 투자에 유의하셔야 합니다.

     평생 월 500만 원 받는 월배당 ETF

거래 주의 시간

- 장 시작 직후 : 09:00~09:10

- 장 마감 직전 : 15:20~15:30

ETF는
계속 진화한다

짜파구리와 소맥, 그리고 ETF

약간 생뚱맞게 들릴 수도 있지만, 라면 이야기를 해보겠습니다. 예전에는 짜장라면이면 짜파게티, 라면이면 너구리였습니다. 각자의 맛이 있었고, 사람들은 그저 주어진 대로 먹었습니다. 그런데 어느날 누군가 생각했겠죠. 짜파게티의 짜장 맛과 너구리의 매콤한 맛을 섞으면 어떨까? 그렇게 '짜파구리'가 탄생했습니다. 짜파게티 혼자서는 낼 수 없는 맛, 너구리 혼자서는 낼 수 없는 맛이 섞이면서 새로운 차원의 맛이 만들어졌습니다.

소맥도 마찬가지입니다. 맥주는 맥주대로 소주는 소주대로 마시던

  평생 월 500만 원 받는 월배당 ETF

것을 섞어 마시면서 '소맥'이 탄생했죠. 처음엔 '이게 뭐지?'라고 했지만 이제는 술자리에서 가장 흔하게 볼 수 있는 주종이 되었습니다.

이 두 가지 사례를 말하는 이유는, 각자일 때도 나름의 매력이 있는 상품이지만 혼합했을 때 또 다른 결과가 나온다는 것을 보여주기 위해서입니다. 현재 ETF 시장에서도 똑같은 일이 벌어지고 있습니다.

ETF, 하나의 전략, 하나의 목적일 때

과거 ETF는 대체로 하나의 전략만 사용했습니다. 각자의 역할이 명확했죠.

나스닥100과 같은 성장 ETF는 주가 상승에 집중했습니다. 테슬라, 엔비디아와 같은 빠르게 성장하는 기업들만 담았죠. 이런 기업들은 배당을 거의 주지 않았습니다. 그 대신 성장성이 높았죠. 주가의 폭발적인 상승을 누리는 것이 목적이었습니다.

배당 ETF는 주가 상승보다 배당금에 집중했습니다. 코카콜라, 존슨앤존슨 같은 배당을 꾸준히 주는 기업들만 담았죠. 주가가 크게 오르지 않아도 괜찮았습니다. 중요한 건 매년 배당금이 들어오는 것이었으니까요.

채권 ETF는 또 달랐습니다. 주식이 아니라 채권만 담았죠. 국채나 회사채에 투자해서 안정적인 이자 수익을 추구했습니다. 변동성이 낮고 원금 손실 위험이 적은 대신, 수익률도 낮았습니다.

이렇게 예전 ETF들은 각자의 역할이 명확했습니다. 마치 짜파게티는 짜파게티, 너구리는 너구리였던 것처럼요.

투자자들은 이런 ETF들을 직접 조합해서 포트폴리오를 만들어야 했습니다. 성장도 하고 싶고 배당도 받고 싶다면? 성장 ETF와 배당 ETF를 따로 사야 했습니다. 안정성도 챙기고 싶다면? 여기에 채권 ETF까지 더 사야 했죠.

ETF, 혼합 전략으로 진화하다

몇 년 사이 ETF 시장에도 많은 변화가 생겼습니다. 운용사들이 투자자들의 니즈를 파악한 것입니다.

'성장도 하고 싶고, 배당도 받고 싶고, 안정성도 챙기고 싶어 한다. 그러면 우리가 이 모두를 적절히 혼합해주면 되지 않을까?'

그렇게 혼합 전략 ETF가 나오기 시작했습니다. 몇 가지 예를 들어보겠습니다.

TIGER 미국나스닥100타겟데일리커버드콜

이 ETF(종목 코드 486290)는 나스닥100 기술주에 투자합니다. 애플, 마이크로소프트, 엔비디아 같은 성장주들이죠. 원래 이런 기술주들은 배당을 거의 안 줍니다. 왜냐하면 이들은 번 돈을 배당으로 주주에게 나눠주기보다는 신제품 개발, 연구개발, 기업 인수 등 성장에 재투자하기 때문입니다.

그런데 이 ETF는 커버드콜 전략을 씁니다. 앞에서도 설명했듯, 커버드콜이란 보유한 주식에 대해 콜옵션을 팔아서 프리미엄을 받는 겁니다. 쉽게 말해 '주가가 일정 수준 이상 오르면 팔게요'라고 약속하고 그 대가로 돈을 받는 것이죠. 받은 돈은 배당금으로 투자자에게 나눠줍니다.

그 결과가 어떻게 될까요? 나스닥100 기술주가 오르면 주가도 오릅니다. 동시에 매달 배당금도 들어옵니다. 원래 나스닥100 ETF만 샀다면 주가 상승만 기대할 수 있었을 텐데, 이제는 매월 현금흐름까지 받는 겁니다.

물론 대가가 있습니다. 주가가 폭등하는 강세장에서는 상승분 일부를 포기해야 합니다. 하지만 많은 투자자들에게는 이게 더 좋을 수 있습니다. '100% 다 가져가진 못해도, 성장도 하고 현금흐름도 받으니까 만족해'라고 생각하는 거죠.

이게 바로 성장과 배당 전략을 섞은 짜파구리인 셈입니다.

KODEX 미국배당커버드콜액티브

이 ETF(종목 코드 441640)는 미국 S&P500 내에서 배당을 주는 우량 기업들을 담습니다. 코카콜라와 같은 기업들이죠. 여기에 S&P500 기업을 담은 VOO ETF 등도 포함하고 있습니다. 이들은 이미 배당을 줍니다. 그런데 여기에 커버드콜 전략을 더합니다.

원래 배당주만 담았다면 연 3~4% 정도 배당을 받았을 겁니다. 그런데 커버드콜을 더하니 연 8~10%까지 올라갑니다. 거의 2배입니다.

그리고 이 ETF는 액티브 ETF입니다. 즉, 시장 상황에 따라 유연하게 운용됩니다. 상승장일 때는 옵션 매도 비중을 줄여서 주가 상승에 더 잘 참여할 수 있게 운용합니다. 반대로 횡보장이나 하락장에서는 옵션 매도 전략을 적극 활용해서 매월 현금흐름을 지속적으로 발생시킵니다.

결과적으로 상승장 때는 주가 상승에도 잘 참여하고, 하락장 때는 하락 방어도 어느 정도 해주면서, 매월 월배당으로 현금흐름을 만들어줍니다. 은퇴자나 현금흐름이 필요한 사람들에게는 매우 유리한 전략의 ETF라고 볼 수 있습니다.

1Q 미국나스닥100미국채혼합50액티브

이 ETF(종목 코드 0111P0)는 주식과 미국채권을 반반씩 섞은 ETF입니다. 나스닥100 주식 50%, 미국 단기채권 50%입니다.

왜 이렇게 섞었을까요?

나스닥100은 성장성이 높지만 변동성도 큽니다. 어떤 해는 30% 오르지만, 어떤 해는 30% 떨어지기도 합니다. 특히 2022년처럼 금리가 급등하면 기술주는 폭락합니다. 마음이 약한 투자자들은 이런 변동성을 견디지 못하고 손절하고 맙니다.

그래서 나스닥100의 성장성에 미국 단기국채의 안정성을 동시에 추구하는 구조로 설계된 ETF입니다.

특히 현재 퇴직연금 DC형에서는 전체 자산의 30%를 안전자산에 투자하도록 정해져 있는데, 채권혼합형 ETF는 이 기준에 정확히 부합합니다.

KIWOOM 한국고배당&미국AI테크

이 ETF(종목 코드 0097L0)는 국내 고배당주 상위 15개 기업과 미국 AI 빅테크 상위 10개 기업으로 구성됩니다. 국내 고배당주에 약 70% 비중을, 미국 AI 테크 기업에 약 30% 비중을 두고 투자하는 구조입니다.

한국의 고배당주에 미국의 성장주를 혼합한 전략으로, 국내 배당주를 통한 현금흐름과 미국 AI 테크의 성장성을 동시에 가져가면서 포트폴리오의 분산 효과를 기대할 수 있는 ETF입니다.

투자자의 니즈가 ETF를 진화시킨다

이처럼 ETF는 계속해서 진화하고 있습니다. 왜 이런 변화가 일어났을까요? 투자자들의 니즈가 복잡해졌기 때문입니다. 요즘 투자자들은 투자를 통해 성장도 하고 싶고, 배당도 받고 싶고, 변동성도 줄이고 싶습니다.

과거에는 투자자가 직접 여러 ETF를 사서 조합해야 했습니다. 성장주 70%, 배당주 20%, 채권형 10% 이런 식으로요. 비율을 정하고,

리밸런싱하고, 관리하는 것이 투자자의 몫이었습니다.

하지만 지금은 운용사가 이미 혼합해서 내놓기 때문에, 투자자는 자신의 목적에 맞는 ETF를 고르면 됩니다.

매월 현금흐름이 필요하다면? 배당 ETF 및 커버드콜 월배당 ETF를 선택하면 됩니다. 변동성을 줄이고 싶다면? 단기채권을 혼합한 ETF를 고르면 됩니다.

ETF 시장은 이처럼 끊임없이 진화하고 있습니다. 투자자의 니즈에 맞춰 점점 더 다양한 상품들이 출시되고 있는 겁니다.

새로운 ETF에 관심을 가져라

ETF 시장은 계속해서 변화하며, 새로운 상품을 지속적으로 출시하고 있습니다. 그중에는 여러분의 투자 목적에 정확히 부합하는 ETF가 있을 수 있으니, 신규 출시 상품에 늘 관심을 기울이면 좋습니다.

특히 여러 자산을 결합한 혼합형 ETF들이 속속 등장하면서, 투자자들은 더욱 편리하게 포트폴리오를 구성할 수 있게 되었습니다.

저는 이러한 신규 ETF 중에서 제 투자 성향과 목표에 맞는 상품들을 선별하여 별도로 '관심종목'에 편입해두고 있습니다.

평생 월 500만 원 받는 월배당 ETF

피해야 할 ETF 유형

ETF 투자를 할 때 어떤 ETF가 좋은지 고민하는 것도 중요하지만, 어떤 ETF를 피해야 하는지 아는 것도 매우 중요합니다. 잘못된 ETF를 선택하면 수익률 부진은 물론 예상치 못한 손실을 볼 수 있기 때문입니다. 다음은 반드시 피해야 할 ETF 유형 3가지입니다.

거래량이 적은 ETF

거래량이 적은 ETF는 유동성 문제를 안고 있습니다. 유동성이란 원하는 시점에 적정 가격으로 사고팔 수 있는 능력을 의미합니다. 거래량이 적으면 매수할 때는 시장가보다 높게 사야 하고, 매도할 때는 시장가보다 낮게 팔아야 하는 상황이 발생합니다.

예를 들어 특정 ETF의 호가창을 보면 매도 호가와 매수 호가의 차이(스프레드)가 크게 벌어져 있는 경우가 있습니다. 이런 ETF는 사고파는 과정에서 손해를 보게 됩니다. 거래량이 풍부한 ETF는 매도 호가와 매수 호가의 차이가 몇 원에 불과하지만, 거래량이 적은 ETF는 그 차이가 수십 원, 때로는 수백 원까지 벌어집니다.

그러므로 하루 거래량이 일정 수준 이상인 ETF를 선택하는 것이 안전합니다. 일반적으로 일 평균 거래대금이 수억 원 이상인 ETF가 유동성 측면에서 안정적입니다.

순자산총액이 지속적으로 100억 원 미만인 ETF

상장이 된 지 수년이 지났지만 순자산총액(시총)이 적은 ETF는 여러 문제를 안고 있습니다.

첫째, 사람들의 관심이 없어서 운용사의 관리가 소홀해질 수 있습니다. 둘째, 규모가 작으면 운용비용 대비 효율이 떨어져 운용보수가 상대적으로 높아질 수 있습니다. 셋째, 가장 심각한 문제는 상장폐지 위험입니다.

특히 순자산총액이 50억 원 미만인 경우, ETF도 상장폐지가 될 수 있습니다. ETF가 상장된 지 1년이 넘었는데도 순자산총액이 50

억 원 미만으로 6개월 이상 유지되거나, 적절한 가격을 위해 호가를 관리해주는 유동성공급자(LP)가 없는 경우 상장폐지 대상이 됩니다. 즉, ETF는 규모가 작고 거래가 활발하지 못할 때 상장폐지가 될 수 있습니다.

안전하게 투자하려면 순자산총액이 최소 100억 원 이상, 가능하면 500억 원 이상인 ETF를 선택하는 것이 좋습니다. 규모가 큰 ETF 일수록 운용사도 적극적으로 관리하고, 투자자들의 관심도 지속됩니다.

ETF 상장폐지, 주식과는 다르다

ETF의 상장폐지는 주식의 상장폐지와는 다릅니다. 주식의 상장폐지는 기업의 문제로 인하여 투자 원금이 0원이 되는 것입니다. 반면 ETF의 상장폐지는 규모나 유동성 문제로 거래소에서 퇴출되는 것일 뿐, 투자금을 완전히 잃는 것은 아닙니다.

만일 ETF가 상장폐지로 결정되면 해당 ETF의 자산운용사가 상장폐지 이유와 함께 상장폐지가 이루어지는 시점 등을 운용사 홈페이지와 투자자에게 공지합니다. 그러면 투자자들은 상장폐지 전에 매도해 현금화하면 됩니다. 또는 매도하지 않더라도 운용사가 순자산가치(NAV)를 기준으로 청산 대금을 지급합니다.

즉, ETF는 상장폐지가 되어도 주식처럼 투자금을 완전히 잃어버리는 것이 아닙니다. 다만 투자자들이 원하는 시점이 아닌데 매도를 해야 하는 불편함이 있고, 청산 과정에서 시간이 소요되며, 세금 문제도 복잡해질 수 있습니다.

안전한 ETF 선택 기준

따라서 되도록이면 동일한 조건의 ETF라면 순자산총액이 크고 거래량이 활발한 ETF를 선택해야 합니다. 구체적인 기준은 다음과 같습니다.

첫째, 순자산총액이 최소 100억 원 이상, 가능하면 500억 원 이상인 ETF를 선택하세요.

둘째, 일 평균 거래대금이 수억 원 이상인 ETF를 고르시는 게 좋습니다. 거래량이 많을수록 원하는 시점에 적정 가격으로 거래할 수 있습니다.

셋째, 테마성 ETF보다는 역사적으로 검증된 지수를 추종하는 ETF가 안전합니다. 코스피200, S&P500, 나스닥100, 배당 ETF 등 지속 가능한 전략을 가진 상품을 선택하세요.

좋은 ETF를 고르는 것도 중요하지만, 나쁜 ETF를 피하는 것은 더욱 중요합니다. 위의 세 가지 유형을 피하고, 안전한 선택 기준을 따른다면 불필요한 손실을 막고 안정적인 장기투자를 할 수 있습니다.

매수와 매도 시기,
열풍이 불기 전에 움직여라

투자에서 가장 어려운 것은 '타이밍'입니다. 언제 사고 언제 팔아야 할지 몰라 헤매는 사이, 많은 투자자가 손실을 봅니다.

대중의 패턴은 늘 비슷합니다. 자산 가격이 오르고 이슈가 된 후에야 뒤늦게 관심을 갖기 시작하는 것이죠. 금값이 오르면 그제야 금현물과 ETF를 알아보고, 비트코인이 뉴스에 지속적으로 나오면 그때 거래소 계좌를 만드는 식입니다. 하지만 이렇게 열풍을 쫓아가는 투자는 매번 고점에 물리는 결과를 낳습니다.

반면 배당투자는 이러한 시장의 타이밍으로부터 자유롭습니다. 저점 매수와 고점 매도를 맞추기 위해 차트를 들여다보며 에너지를 쏟을 필요가 없기 때문입니다. 우량한 기초지수를 가진 ETF를 꾸준히 모아간다면, 시장이 흔들려도 매달 들어오는 배당금이 든든한 버팀목이 되어줍니다. 억지로 매수·매도 타이밍을 잡으려 애쓰기보다, 시간의 힘을 믿고 꾸준히 수량을 늘려가는 것만으로도 충분합니다.

그럼에도 이왕이면 좀 더 똑똑하게 매수와 매도 시기를 잡고 싶다면, 다음의 몇 가지 원칙을 따르는 게 중요합니다.

남들이 관심 없을 때가 기회다

방법은 간단합니다. 장기적으로 우상향할 자산을 미리 리스트업한 후, 남들이 관심 없을 때 모아두고 시간을 기다리면 됩니다.

저 역시 금 투자로 최근 약 90%의 수익률을 기록했는데, 이는 결국 금이 우상향할 자산이라고 보고 남들이 관심을 갖지 않을 때 사두었기 때문입니다. 나스닥100, S&P500, 코스피200, 금 등의 경우는 남들이 관심을 갖지 않거나 하락했다고 비난할 때, 그럴 때 더욱 관심을 가져야 합니다. 열풍이 불기 전에 말입니다.

금 투자를 예로 들어보겠습니다. 저는 금을 자산의 일부로 담아놓고 있습니다. 금은 포트폴리오의 메인이 될 수는 없습니다. 단지 제가 금을 포트폴리오에 담아서 투자했던 이유는 '포모(FOMO, Fear Of Missing Out, 자신만 유행에 뒤처지거나 소외될 것에 대한 두려움)' 방지용이었습니다.

투자를 해보신 분들은 다 아실 것입니다. 포모가 발생하는 시기가 있습니다. 코인이 상승하면 코인을 사고 싶고, 금이 상승하면 금을 사고 싶고, 국내 증시가 폭등하면 또 국장을 사고 싶습니다. 이렇게 열풍이 불면 뒤늦게 따라가고 싶은 것이 사람의 마음이고, 그것이 바로 포모입니다.

저는 포모 방지와 인플레이션 헤지 목적으로 분산투자 차원에서 금을 매수해두었는데, 운이 좋게도 좋은 성과를 거두었습니다. 금은 장기적으로 우상향하는 자산이면서 동시에 하락 시에도 하방이 제한적이라는 특성을 지닌 안전자산입니다. 그렇기 때문에 하락할 때마다 분할 매수를 하고, 시간에 투자하면 장기적으로 인플레이션을 이길 수 있는 자산이 됩니다.

열풍의 정점은 위험 신호다

중요한 점은 바로 열풍이 불기 전에 투자를 해야 한다는 것입니다.

뉴스에서 특정 자산에 대해 집중적으로 보도할 때, 주변 사람들이 모두 그 투자에 대해 이야기할 때는 이미 고점일 가능성이 높습니다. 이것이 투자의 역설입니다. 모두가 좋다고 할 때는 위험하고, 모두가 외면할 때가 기회입니다.

그렇다면 구체적으로 어떻게 해야 할까요?

첫째, 장기적으로 우상향할 가능성이 높은 자산 리스트를 만들어야 합니다. S&P500, 나스닥100, 코스피200, 금, 우량 배당 ETF 등

역사적으로 장기 우상향을 보여준 자산들을 선정합니다.

둘째, 이 자산들이 하락하거나 남들이 관심을 갖지 않을 때 조용히 모으십시오. 뉴스에 나오지 않을 때, 주변 사람들이 이야기하지 않을 때가 좋은 매수 시점입니다.

셋째, 분할 매수를 하십시오. 한 번에 '몰빵'하지 말고, 꾸준히 사 모으세요. 특히 하락이 나타날 때 평소보다 더 많이 매수합니다. 하방이 제한되어 있는 우량 자산의 경우, 하락은 더 많은 수량을 모을 수 있는 기회입니다.

넷째, 시간을 기다리십시오. 투자에서 가장 중요한 것은 인내입니다. 열풍이 불지 않고 많은 사람들이 외면할 때 조용히 분할 매수해놓고 시간을 기다리면, 좋은 성과는 반드시 따라옵니다.

타이밍보다 중요한 것은 원칙

투자에서 완벽한 타이밍을 잡는 것은 불가능합니다. 최저점에 사서 최고점에 파는 것은 신의 영역입니다. 하지만 원칙을 지키는 것은 가능합니다. 남들이 탐욕스러울 때 두려워하고, 남들이 두려워할 때 탐욕스러워지라는 워런 버핏의 말처럼, 역발상이 필요합니다.

투자는 인기투표가 아닙니다. 모두가 좋다고 할 때 사는 것이 아니라, 장기적으로 가치 있는 자산을 남들이 외면할 때 사 모으는 것입니다. 그리고 열풍이 불 때까지 기다리는 것입니다. 이것이 진정한 투자의 타이밍입니다.

월가의 전설적인 투자자 피터 린치는 시장을 예측하지 말라고 했습니다. 그는 조정장을 피하려다 오히려 더 많은 돈을 잃는다고 말합니다. 좋은 주식을 사서, 오르거나 내리거나 상관하지 말고 계속 보유해야 한다고 합니다. 그러면서 남은 시간에는 자신이 즐기면서 할 수 있는 일을 하라고 합니다.

저 역시 '장우현(장기적 자산 우상향과 매월 현금흐름을 창출)'해주는 ETF를 꾸준히 모아갑니다. 배당투자는 타이밍보다 수량을 모으는 '타임'에 베팅하는 투자입니다.

PART
4
나만의
배당 포트폴리오
만들기

배당의만장 포트폴리오를 공개합니다

"선생님은 어디에 투자하세요?" 강연이나 유튜브 방송을 하다 보면 가장 많이 받는 질문입니다. 이론은 알겠는데, 실제로 어떻게 하는지가 궁금하다는 것이죠. 그래서 이번 장에서는 제 포트폴리오를 공개하겠습니다.

다만 미리 말씀드리자면, 제 포트폴리오가 정답은 아닙니다. 각자의 상황과 성향이 다르기 때문에 본인에게 적합한 구성은 또 다를 수 있습니다. 그러니 '똑같이 따라 해야지'가 아니라, '이런 식으로 구성하는구나' 정도로만 참고해주시면 됩니다.

계좌부터 분산한다

저는 혼자 투자하지 않습니다. 가족 전체가 투자합니다. 제 계좌, 아내 계좌, 딸 계좌가 있죠. 왜 이렇게 나눴을까요? 바로 세금 때문입니다.

배당투자를 오래 하다 보면 세금 문제를 만나게 됩니다. 그래서 처음부터 절세 방법을 알고 시작하면 시행착오를 줄일 수 있습니다.

우리나라는 누진세 구조라서 한 사람이 많이 벌수록 세금을 더 많이 냅니다. 하지만 가족 구성원에게 분산하면 각자 낮은 세율을 적용받을 수 있습니다.

특히 10대 자녀에게는 증여를 활용합니다. 미성년 자녀에게는 10년에 2,000만 원까지 증여세 없이 줄 수 있습니다. 자녀 명의의 계좌를 만들어 투자하면, 아이가 성인이 될 때쯤엔 제법 큰 자산이 되어 있을 겁니다. 일찍 투자 습관을 길러주는 교육 효과도 있습니다.

2025년 배당의만장 가족 포트폴리오 배당금 현황

제 가족은 계좌를 분산해 운용하고 있습니다. 2025년 기준 총 배당금은 약 6,100만 원, 월평균 약 500만 원의 현금흐름을 만들어냈습니다.

구체적으로는 제 계좌에서 약 3,310만 원, 연금계좌를 포함한 아

▶ 배당의만장 계좌(미래에셋증권) 배당금(2025)

▶ 배당의만장 배우자 연금저축계좌(미래에셋증권) 배당금(2025)

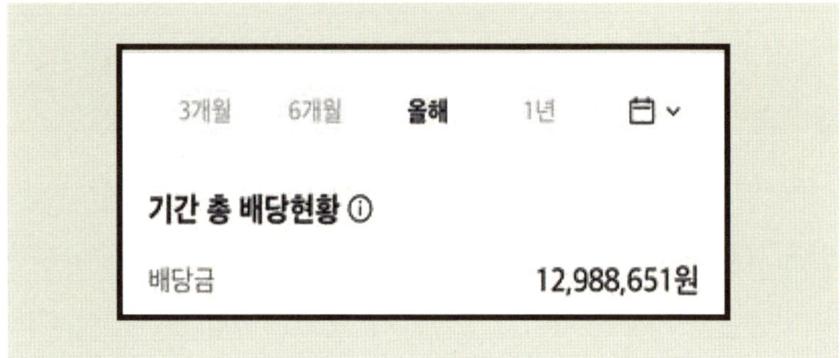

▶ 배당의만장 배우자 ISA 계좌(키움증권) 배당금(2025)

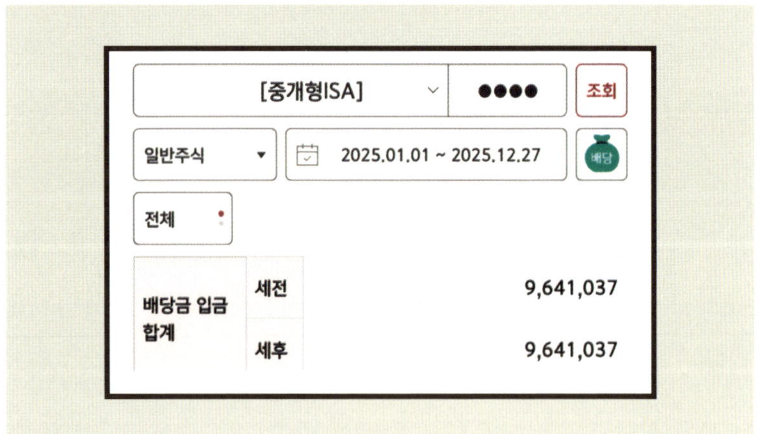

평생 월 500만 원 받는 월배당 ETF

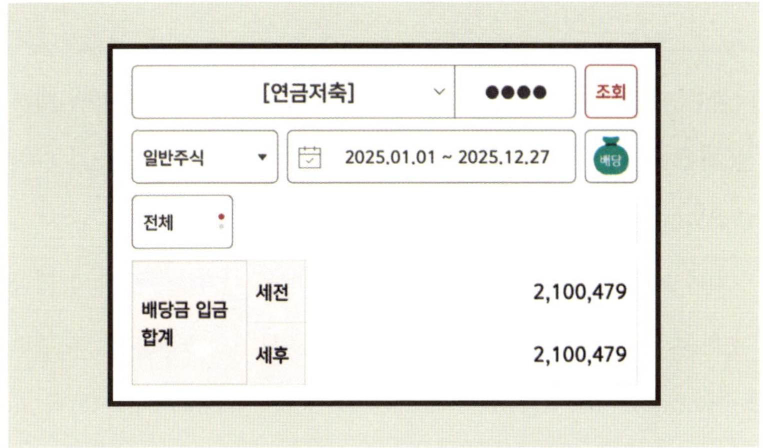

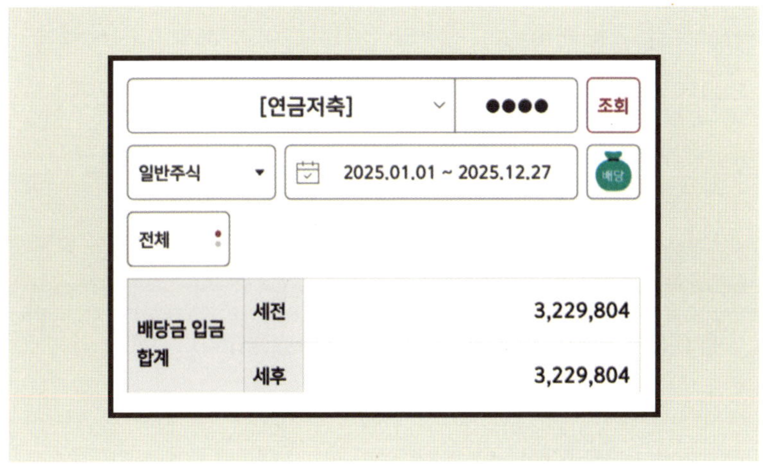

내의 계좌에서 약 2,470만 원, 딸의 연금저축계좌에서 약 320만 원의 배당금을 2025년 한 해 동안 받았습니다.

절세계좌를 최대한 활용한다

다음은 계좌의 선택입니다. 저는 연금계좌(연금저축, IRP)와 ISA 계좌를 최우선으로 활용합니다. 투자 성과를 결정짓는 세금 구조가 일반 계좌와는 완전히 다르기 때문입니다.

일반 계좌에서 투자할 경우, 배당금을 받을 때마다 15.4%의 세금이 원천징수됩니다. 당장은 적은 금액처럼 보일지 모르지만, 재투자되어야 할 자금이 세금으로 빠져나가는 것은 장기투자에서 복리 효과를 저해하는 결정적인 요인이 됩니다.

반면, 국내 상장 미국 ETF를 ISA나 연금계좌에서 운용하면 상황이 달라집니다. 커버드콜 ETF의 옵션프리미엄 배당금과 매매차익은 연금계좌 내에서 과세이연이 적용되어, 실제 연금을 인출하는 시점까지 과세가 미뤄집니다.

(다만 2025년부터는 옵션프리미엄 분배를 제외한, 일반 배당금에 대해서는 국내 계좌 유형과 상관없이 해외 원천징수세가 먼저 부과됩니다).

제가 운용 중인 연금저축을 예로 들어보겠습니다. 매년 받는 연말정산 세액공제 혜택은 물론, 복리의 마법을 극대화하고 있는 저의 실제 수익 현황입니다.

저는 연금계좌의 포트폴리오를 국내 상장 미국 ETF 중심으로 운용합니다. 연금계좌는 납입 시 연간 최대 900만 원(연금저축+IRP)의 세액공제를 받을 수 있을 뿐만 아니라, 운용 과정에서도 압도적인 세금 혜택을 제공하기 때문입니다.

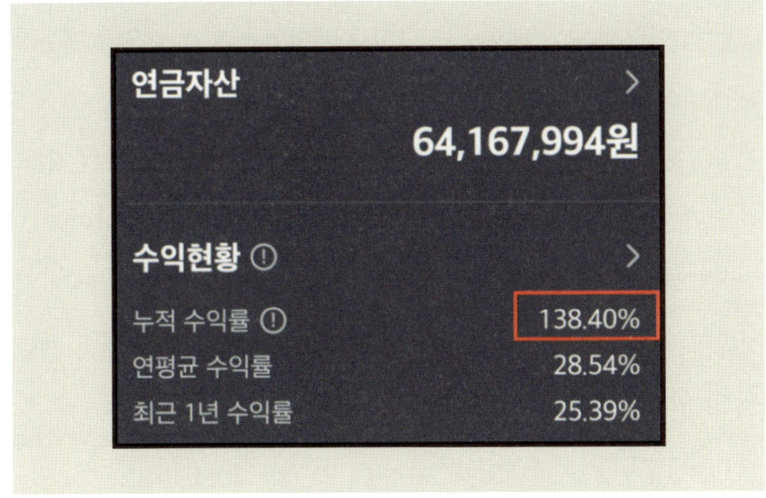

가장 큰 매력은 과세이연입니다. 일반 계좌라면 연 1,000만 원의 배당을 받을 때마다 15.4%인 154만 원을 세금으로 떼이지만, 연금 계좌는 인출 시점 전까지는 이 세금을 한 푼도 내지 않고 원금에 더해 그대로 재투자할 수 있습니다. 당장 내야 할 세금을 장기 우상향하는 미국 시장에 복리로 굴릴 수 있다는 점은 투자자에게 엄청난 보너스와 같습니다.

이러한 절세 혜택 위에 저는 나스닥100, S&P500과 같은 지수형 성장주로 자산의 기초체력을 다지는 동시에, 연 10~15% 수준의 배당을 주는 커버드콜 월배당 ETF를 핵심 비중으로 운용합니다. 구체적으로는 TIGER 미국나스닥100타겟데일리커버드콜과 KODEX 미국배당커버드콜액티브와 같은 종목을 선호합니다.

특히 두 종목을 조합하면 배당 지급 시점이 월초와 월중순으로 나뉘어, 한 달에 두 번 따박따박 배당금을 받는 현금흐름을 만들 수 있습니다. 이렇게 쌓인 배당금은 다시 과세이연 혜택을 받으며 재투자되어 자산 증식의 속도를 높여줍니다.

납입할 때 세액공제로 아끼고, 운용할 때 과세이연으로 한 번 더 아끼는 이 이중 혜택이야말로 연금계좌를 활용해야 하는 이유입니다.

ISA 계좌는 또 다른 전략으로 활용합니다. 이 계좌는 만기해지 시 일반형의 경우 200만 원까지(서민형은 400만 원까지) 수익이 나도 세금을 안 냅니다. 200만 원을 넘어가는 부분만 9.9%의 낮은 세율로 과세됩니다.

저는 ISA 계좌에 3년간 매년 2,000만 원씩 적립식으로 원금 6,000만 원을 투자했는데, 연 배당금이 1,000만 원이 넘습니다. 배당수익률로 따지면 약 17%입니다.

일반 계좌에서 배당금 1,000만 원을 받으면 154만 원을 세금으로 냈을 겁니다. 하지만 ISA 계좌는 3년 만기해지 시 200만 원까지 비과

> **배당의만장 ISA 계좌 배당금**

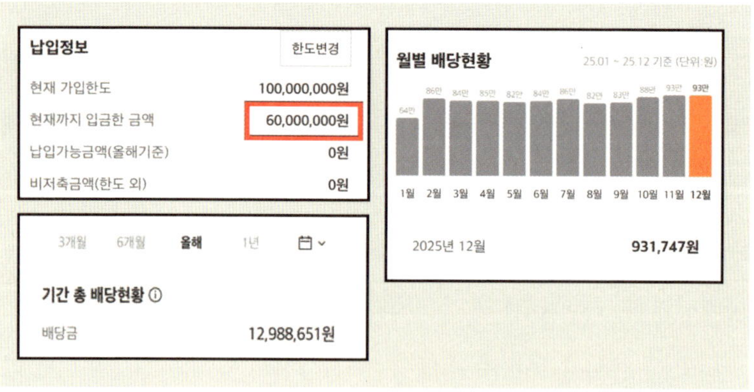

세이고, 나머지 800만 원에만 9.9%로 분리과세 세율이 적용됩니다.

ISA 계좌의 강력함은 만기 이후에 한 번 더 빛을 발합니다. ISA 만기 자금을 연금계좌(연금저축 혹은 IRP)로 전환하면, 전환 금액의 10%(최대 300만 원)까지 추가 세액공제 혜택을 받을 수 있습니다. ISA 계좌에서 이미 비과세와 저율과세, 분리과세 혜택을 누린 자산이 연금계좌로 넘어가 다시 한번 절세의 혜택을 받게 되는 셈입니다. 이처럼 계좌 간의 연결 고리를 활용하면 절세 효과는 배가 되고, 자산 증식의 속도는 더욱 빨라집니다.

세금에 대해서는 다음 장에서 다시 한 번 자세히 설명하겠습니다.

성장주와 배당주를 섞는다: 성배 전략

계좌를 정했으면, 이제 그 안에 무엇을 담을지 선택해야 합니다. 앞에서도 말했듯 저는 성배 전략을 씁니다. 성장주와 배당주를 섞는다는 뜻입니다.

구체적인 예를 들어보겠습니다. TIGER 미국나스닥100타겟데일리커버드콜(월초 배당)의 경우, 2025년 한 해 동안 주가 상승률은 거의 없었지만 배당금을 약 15% 지급했습니다. 1,000만 원을 투자했다면 원금은 그대로 유지되면서 배당금 150만 원을 받은 셈입니다. 6,000만 원을 투자했다면? 원금은 그대로고, 배당금은 900만 원입니다. 총 900만 원 수익입니다.

KODEX 미국배당커버드콜(월중순 배당)은 2025년 한 해 동안 주가가 약 4% 상승했고, 배당금으로 약 9%를 지급했습니다. 1,000만 원을 투자했다면 원금이 40만 원 증가하고 배당금 90만 원을 받아 총 130만 원의 수익을 거둔 셈입니다. 6,000만 원을 투자했다면 원금은 240만 원 증가하고 배당금은 540만 원으로, 총 780만 원의 수익을 냈을 것입니다.

이는 2025년 1월 초에 투자한 후 12월까지 가만히 보유만 했을 경우입니다.

하지만 저는 여기서 멈추지 않습니다. 시장이 급락하는 시기가 찾아오면 비중 적립 매수와 배성 전략을 구사합니다. 평소 적립 매수하던 것보다 더 많은 비중으로 매수에 나서는 것입니다. 결국 낮은 가격에 같은 금액으로 더 많은 수량을 확보할 수 있습니다.

그리고 매월 받는 배당금으로 급격하게 하락한 성장주들을 추가 매수합니다.

그러면 보유 종목의 평균 매수 단가가 낮아집니다. 하락이 멈추고 다시 상승장이 올 때, 성장주를 통한 시세차익이 더 커지죠.

평소에는 기초자산이 우상향하는 ETF에 투자하면서, 하락장·급락장이 나타날 때는 배성 전략과 추가 비중 적립으로 위기를 기회로 만듭니다(이와 관련해서는 PART6에서 자세히 설명합니다).

참고로, 2023~2025년은 AI 강세장이었기 때문에 제 포트폴리오에 AI 관련 ETF 비중이 높습니다. 시장 상황과 각자의 목표에 따라 포트폴리오는 달라져야 합니다.

성장주	KODEX 미국AI테크TOP10
	TIGER 미국필라델피아AI반도체나스닥
	KODEX 미국서학개미
	TIGER 미국나스닥100
	KODEX 미국나스닥100
	KODEX 미국S&P500
	TIGER 미국S&P500
배당주 [월초 배당]	KODEX 미국AI테크TOP10타겟커버드콜
	RISE 미국AI밸류체인데일리고정커버드콜
	TIGER 미국나스닥100타겟데일리커버드콜
	TIGER 미국S&P500타겟데일리커버드콜
배당주 [월중순 배당]	ACE 미국반도체데일리타겟커버드콜(합성)
	TIGER 미국테크TOP10타겟커버드콜
	KODEX 미국배당커버드콜액티브

* 2025년 주요 포트폴리오이며, 이후 상황에 따라 종목이 편입·편출될 수 있습니다.
* KODEX 200 등 국내주식형 ETF는 ISA 계좌가 아닌 일반 계좌에서 투자하므로, ISA 계좌 포트폴리오에는 포함하지 않았습니다.

트럼프 관세전쟁이 준 기회

2025년 TIGER 미국나스닥100타겟데일리커버드콜 차트를 보겠습니다.

A구간에서 B구간으로, 트럼프의 관세전쟁으로 주가가 약 20% 급락했습니다. 이렇게 하락하는 구간에서 저는 평소보다 매수 비중을

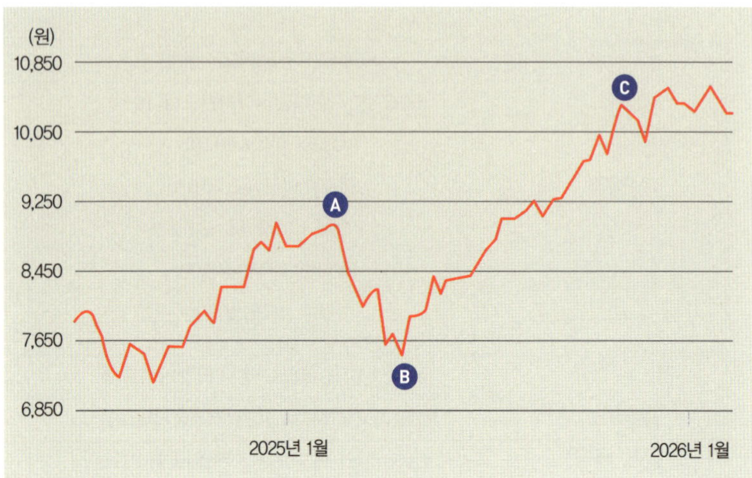

늘렸습니다. 기초지수가 나스닥100이기 때문입니다.

나스닥100, S&P500, 코스피처럼 지수를 기초자산으로 하는 ETF는 개별 주식이나 테마주처럼 무한 하락하지 않습니다. 오히려 많이 하락할수록 기회가 커집니다.

A에서 B구간의 하락을 공포와 위기로 볼 수도 있습니다. 하지만 반대로 생각해야 합니다. A에서 C구간까지 평온하게 우상향했다면, A에서 C구간의 상승률은 약 14%입니다. 하지만 B에서 C구간까지 상승률은 약 50%입니다.

하락이라는 위기는 누군가에게는 기회입니다. 하락장에서 비중 적립 투자와 배성 전략으로 수량을 늘리고 매수가를 낮추면, 높은 배당금을 가져갈 기회가 됩니다.

제가 주변 지인들에게 항상 하는 말이 있습니다.

평생 월 500만 원 받는 월배당 ETF

"난세에 영웅이 난다."

삼국지에서 짚신을 팔던 유비가 영웅이 될 수 있었던 건 난세가 있었고 위기가 있었기 때문입니다.

위기는 위기가 아닙니다. 나의 계좌를 키울 수 있는, 나의 배당금을 늘릴 수 있는 기회입니다. 저는 이런 기회가 나타날 때마다 공격적인 종목 위주로 더 모아갑니다.

그래서 현재 저는 ISA 계좌를 통해 원금 6,000만 원으로 매월 약 90만 원의 배당금, 연간 약 1,000만 원의 배당금을 받고 있습니다.

2weeks 전략: 월초와 월중순에 배당받기

ETF 종목마다 배당금을 지급하는 날짜가 다릅니다. 어떤 상품은 월초에, 어떤 상품은 월중순에 지급합니다. 저는 이 지급일의 차이를 활용해 2weeks(투윅스) 전략을 구사합니다. 월급을 한 달에 두 번 나누어 받는 시스템을 만드는 것이죠.

예를 들어 TIGER 미국나스닥100타겟데일리커버드콜은 매월 초에 배당금을 지급합니다. KODEX 미국배당커버드콜액티브는 매월 15일 이후 월중순에 배당금을 지급하죠. 이 두 상품을 함께 담으면 한 달에 두 번 따박따박 현금이 계좌에 들어오는 즐거움을 누릴 수 있습니다.

이 시스템을 갖추면 무엇보다 현금흐름이 부드러워집니다. 한 달에 한 번만 배당을 받으면 그 돈으로 다음 달까지 긴 시간을 버텨야 하지만, 보름 간격으로 나누어 받으면 생활비 운용에 훨씬 여유가 생깁니다.

결국 2weeks 전략은 단순히 돈을 자주 받는 것을 넘어, 투자의 연속성을 유지하고 복리 효과를 극대화하는 아주 영리한 운용법입니다.

자신만의 포트폴리오를 만들어야 한다

제 포트폴리오를 공개했지만, 저를 그대로 따라 하라는 이야기는 아닙니다. 왜냐하면 각자의 상황이 다르기 때문입니다.

여러분이 20, 30대 직장인이라면? 저처럼 배당주 위주로 갈 필요가 없습니다. 성장주 70% 이상 공격적으로 가야 합니다. 시간이 많으니까요.

여러분이 40대이고 아직 10년은 더 일할 계획이라면? 성장주와 배당주를 반반씩 가져갈 수 있습니다.

여러분의 월 배당 목표가 월 10만 원이라면? 포트폴리오에 배당주보다는 성장주가 더 많을 수 있습니다. 반대로 월 배당 목표가 월 1,000만 원이라면 배당주 비중이 더 커야 할 것입니다. 원금도 더 크게 모아야 하고, 배당 ETF 비중도 높여야 합니다.

중요한 건 목표와 원칙입니다. 저는 이런 목표와 원칙하에 포트폴리오를 구성합니다.

- 계좌를 분산해서 세금을 줄인다
- 절세계좌를 최대한 활용한다
- 성장주와 배당주를 적절히 섞는다
- 배당지급일을 나눠 현금흐름을 부드럽게 만든다
- 은퇴 전까지는 받은 배당금을 재투자한다

이 원칙들은 누구에게나 적용됩니다. 하지만 구체적인 비율과 종목은 각자 다릅니다. 여러분의 나이, 자산, 목표, 성향에 맞춰 조절해야 합니다.

다음 장에서는 제가 포트폴리오를 구성할 때 따르는 원칙들을 더 자세히 설명하겠습니다. 어떤 기준으로 ETF를 고르는지, 비율은 어떻게 정하는지, 리밸런싱은 언제 하는지와 같은 실전 노하우들을 공개하겠습니다.

포트폴리오 구성의 핵심 원칙, 축구 감독처럼 생각하라

투자에서는 '무엇을 사느냐' 만큼 '어떻게 조합하느냐'가 중요합니다. 아무리 좋은 종목을 골라도 포트폴리오 구성이 엉망이면 좋은 결과를 기대하기 어렵습니다. 배당투자 역시 마찬가지입니다.

배당투자를 시작하면 가장 먼저 부딪히는 질문이 '어떤 ETF를 얼마나 사야 할까?'입니다. 이 질문에 대한 답은 사람마다 다릅니다. 20대와 60대의 포트폴리오가 같을 수 없으니까요. 그리고 월급이 들어오는 직장인과 은퇴한 사람이 같은 전략을 쓸 수는 없습니다.

포트폴리오 구성은 단순히 ETF를 여러 개 사서 모아두는 게 아닙니다.

축구 감독이 경기 전략에 맞춰 포메이션을 짜듯이, 투자자도 자신의 상황에 맞는 전략적 구성이 필요합니다. 공격수만 11명 세울 수 없고 수비수만 11명 세울 수도 없듯이, 상대팀과 경기 상황에 따라 4-4-2, 3-5-2, 4-3-3 같은 포메이션을 선택해야 합니다.

투자도 마찬가지입니다. 나의 투자 목표, 나이, 수입 상황, 위험 감수 능력에 맞춰 최적의 조합을 찾아야 합니다.

히딩크처럼 포트폴리오를 구성하라

많은 사람이 분산투자에 대해 오해합니다. 10개 ETF를 10%씩 나눠 사는 게 분산투자라고 생각하지만, 그건 그냥 쪼개기입니다. 진짜 분산투자는 ETF를 '전략적으로' 배치하는 겁니다.

포트폴리오를 구성할 때 자신을 축구 감독 히딩크라고 생각해보세요. 히딩크는 선수를 선발할 때 단순히 실력만 보지 않았습니다. 포지션을 고려했고, 국내파와 해외파를 적절히 섞었으며, 상대 팀의 강약에 따라 포메이션을 바꿨습니다. 강한 팀을 만나면 수비를 강화했고, 약한 팀을 만나면 공격수를 늘렸습니다.

포트폴리오에 성장주와 배당주 그리고 월배당주를 섞고, 공격형과 안정형을 균형 있게 배치하며, 각 ETF가 맡은 역할을 분명히 해보세요. 히딩크가 선수 한 명 한 명에게 명확한 임무를 주었던 것처럼 말입니다.

축구 포지션으로 ETF를 배치하라

다음 그림을 보세요. 축구장이 펼쳐져 있고, 네 개의 포지션에 각각 다른 색깔의 박스가 배치되어 있습니다. 이것이 바로 ETF 배당투자 포트폴리오의 기본 구조입니다. 저는 포트폴리오를 축구 포지션처럼 네 가지로 분류해 구성합니다. 최전방 공격수, 공격수, 미드필더, 수비수, 이렇게요. 각 포지션마다 역할이 다르고, 기대하는 성과도 다릅니다.

> **축구장 포메이션**

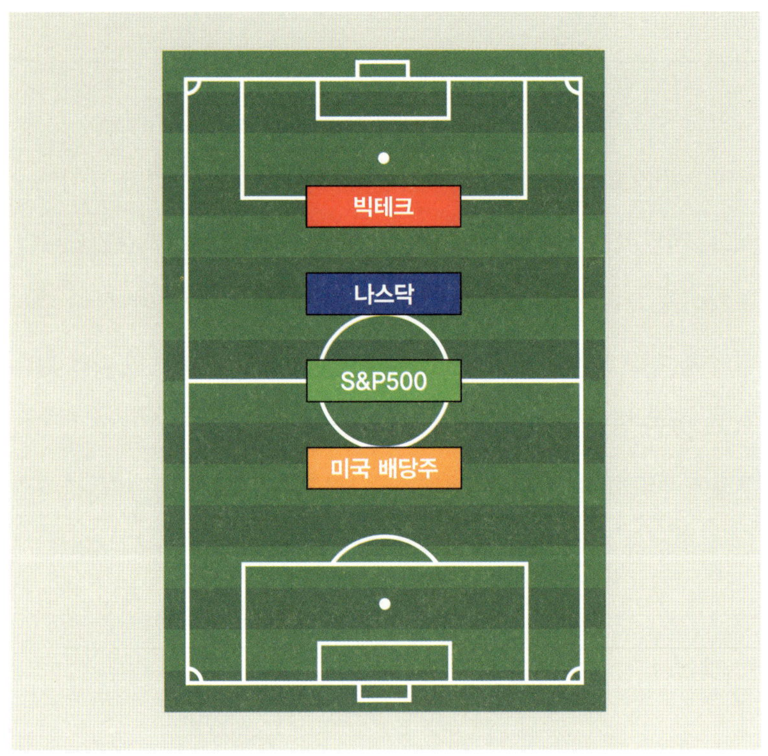

최전방 공격수 – 빅테크

그림 맨 위, 골대 바로 앞에 '빅테크'라고 적혀 있죠. 이것이 '최전방 공격수'입니다. 골을 넣는 것이 임무입니다. 주가 상승에 따른 이익을 노립니다.

여기에 배치하는 ETF는 초고성장주입니다. KODEX 미국AI테크 TOP10, TIGER 미국필라델피아반도체나스닥과 같은 AI, 빅테크, 반도체 관련 ETF들입니다.

배당은 거의 주지 않거나 적게 줍니다. 그 대신 주가가 크게 오릅니다. 변동성이 크지만 상승장에서 큰 수익을 낼 수 있습니다.

축구로 치면 호날두나 메시 같은 선수입니다. 골을 많이 넣지만 수비는 하지 않습니다. 그래서 하락장일 때는 상대적으로 큰 하락을 볼 수 있습니다.

그런데 저는 최전방 공격수로 커버드콜 ETF도 활용합니다.

예를 들어 KODEX 미국AI테크TOP10타겟커버드콜 같은 상품은 빅테크라는 기초자산을 추종하면서도 커버드콜 전략을 통해 월배당을 지급합니다. 이런 ETF들은 최전방 공격수 포지션에 해당합니다. 기초자산이 빅테크이기 때문입니다. 높은 성장성에 현금흐름이라는 무기를 추가한 것입니다.

공격수 – 나스닥100

그림에서 두 번째 위치에 '나스닥100'이라고 적혀 있습니다. 이것이 '공격수'입니다. 골도 넣고 패스도 합니다.

여기에는 TIGER 미국나스닥100과 같은 나스닥100 ETF가 포함됩니다. 기술주 위주로 구성되어 있어서 상승장에서 좋은 상승률을 보입니다. 물론 하락할 때도 빠르게 하락하는 특징이 있습니다.

빅테크TOP10보다는 분산되어 있지만, 여전히 공격적인 포지션입니다.

마찬가지로 TIGER 미국나스닥100타겟데일리커버드콜이나 KODEX 미국나스닥100데일리커버드콜OTM 같은 커버드콜 ETF도 공격수 포지션에 해당합니다. 나스닥100이라는 기초자산의 성장성을 추구하면서 동시에 월배당까지 받는 구조입니다.

미드필더 – S&P500

그림 중앙에 'S&P500'이라고 적혀 있습니다. 이것이 '미드필더'입니다. 공격과 수비를 모두 소화하는 균형 잡힌 포지션이죠.

대표 ETF로는 KODEX 미국S&P500, TIGER 미국S&P500 등이 있습니다. 미국 대형주 500개 기업에 분산 투자하기 때문에 상승장에서도 성장하고, 하락장에서도 나스닥100이나 빅테크보다 적게 하

　　　　　　　　　　평생 월 500만 원 받는 월배당 ETF

락하는 것이 일반적입니다. 그래서 투자자들이 가장 선호하는 포지션입니다. 안정성과 성장성의 균형이 가장 잘 잡혀 있습니다.

S&P500을 기초자산으로 하는 커버드콜 ETF들, 예를 들어 TIGER 미국S&P500타겟데일리커버드콜이나 RISE 미국S&P500데일리고정커버드콜과 같은 상품들은 미드필더 포지션입니다. 균형 잡힌 성장성에 안정적인 배당 수익을 더한 형태입니다.

수비수 – 미국배당다우존스

그림 하단에 '미국 배당주'라고 적혀 있습니다. 이것이 '수비수'입니다. 대표 ETF로는 TIGER 미국배당다우존스, RISE 미국고배당다우존스TOP10 등이 있습니다.

강세장에서 공격수처럼 많은 골을 넣진 못하지만, 하락장에서 수비를 잘해줘서 낙폭이 적습니다. 또한 꾸준한 배당수익과 배당성장도 기대할 수 있습니다. 변동성이 낮고 안정적인 현금흐름을 제공하는 것이 특징입니다.

배당주를 기초자산으로 하는 커버드콜 ETF, 예를 들어 TIGER 미국배당다우존스타겟커버드콜2호, KODEX 미국배당다우존스타겟커버드콜과 같은 상품은 수비수 포지션입니다. 이미 배당을 주는 자산에 커버드콜 전략까지 더해져 더욱 높은 배당 수익을 추구합니다.

경기 상황에 따라 포메이션을 바꿔라

히딩크는 경기 상황에 따라 포메이션을 바꿨습니다. 이탈리아전에서는 수비를 강화했고, 폴란드전에서는 공격수를 늘렸죠. 투자도 마찬가지입니다.

평상시에는 자신의 나이와 목적에 맞는 기본 포메이션을 유지하면서 각 포지션에 꾸준히 투자해갑니다. 매달 월급이 들어오면 정해진 비율대로 각 포지션의 ETF를 사 모으는 겁니다.

하지만 시장에 큰 변화가 생기면, 히딩크가 경기 중에 전술을 바꾸듯 포지션별 비중을 조절할 수 있습니다.

예를 들어 하락장이 오면 어떻게 할까요? 최전방 공격수(빅테크)와 공격수(나스닥100) 비중을 줄이고, 수비수(미국 배당주), 골키퍼(안전자산) 비중을 늘립니다.

반대로 강세장이나 평온한 우상향 시장에서는 골을 많이 넣을 수 있으니 최전방 공격수와 공격수 비중을 늘립니다.

03

성배 전략으로
포트폴리오 구성하기

앞 장에서 축구 포지션처럼 포트폴리오를 구성하는 원칙을 배웠습니다. 이제는 제가 하는 성배 전략에 맞춰 구체적으로 어떤 ETF를 각 포지션에 배치할 수 있는지 그 예시를 보여드리겠습니다.

여기서 주목할 점은 바로 한 달에 두 번 배당금을 받는 시스템입니다. 앞서 여러 차례 강조했듯 배당 ETF마다 배당금을 지급하는 날짜가 다릅니다. 월배당 ETF 중 어떤 것은 매월 초에 배당금을 주고, 어떤 것은 매월 중순에 지급합니다. 이 점을 활용하면 매달 두 차례 배당금이 들어오는 포트폴리오를 구성할 수 있습니다. 즉, 한 달에 두 번 배당 월급을 받고, 1년이면 24번의 배당 수입을 얻는 시스템을 만드는 것입니다.

성장주 포지션, 자산을 빠르게 불린다

아래 그림에서 성장주는 자산의 빠른 증식을 담당합니다. 배당은 적지만 주가 상승을 통해 자산을 불립니다. 여기에 들어갈 ETF는 다음과 같은 성격의 종목입니다

성장주에서는 주전선수인 나스닥100과 S&P500을 중심으로 하되, 최전방 공격수인 빅테크와 반도체 관련 ETF를 병행합니다. 강세장에서는 빅테크와 반도체 ETF가 큰 수익을 줄 수 있으나, 하락장에서는 그만큼 큰 손실을 감수해야 합니다.

국내 코스피 지수에 투자하는 KODEX 200과 TIGER 200은 매매차익이 비과세이므로 일반 계좌에서 별도로 적립식 투자가 가능합니다. 역시 하락 폭이 클수록 비중을 늘리는 전략이 유효합니다.

코스피 지수는 IMF, 서브프라임, 팬데믹 등 큰 하락을 겪었어도

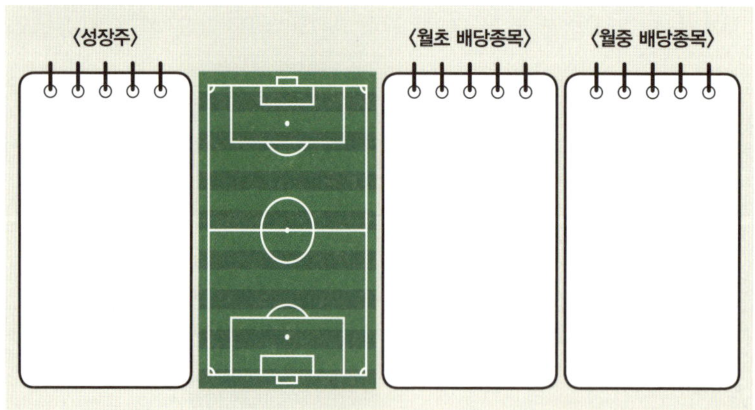

> **성장주와 배당주의 월 2회 배당 포메이션**

국내 상장 미국 ETF 성장주 포지션		
포지션	종목명	종목 코드
최전방 공격수	KODEX 미국AI테크TOP10	485540
	TIGER 미국테크TOP10 INDXX	381170
	ACE 미국빅테크TOP7 Plus	465580
	TIGER 미국필라델피아반도체나스닥	381180
	KODEX 미국반도체	390390
	RISE 미국반도체NYSE	469060
공격수	TIGER 미국나스닥100	133690
	KODEX 미국나스닥100	379810
	RISE 미국나스닥100	368590
	1Q 미국나스닥100	0069M0
미드필더	KODEX 미국S&P500	379800
	TIGER 미국S&P500	360750
	RISE 미국S&P500	379780
	1Q 미국S&P500	0026S0
수비수	1Q 미국S&P500미국채혼합50액티브	0052S0

국내 상장 국내 ETF 성장주 포지션			
포지션	종목명	종목 코드	연 예상 배당률
미드필더	KODEX 200	069500	1~2%
	TIGER 200	102110	1~2%

*예상 배당률은 예상이므로 변동될 수 있습니다.

지수라는 특성상 하락의 한계치가 존재하고, 시간이 지나면 다시 상승장을 맞이하기 때문입니다.

배당주 포지션, 매월 현금흐름을 만든다

배당주는 안정적인 현금흐름을 담당합니다. 여기서 중요한 전략이 있습니다. 앞에서도 언급했듯, 배당 ETF는 배당지급일에 따라 월초 배당과 월중순 배당으로 나뉩니다. 이를 적절히 조합하면 한 달에 두 번 배당금을 받을 수 있습니다.

> **월초 배당인 국내 상장 미국 ETF**

국내 상장 미국 월배당 ETF 포지션(월초 배당)			
포지션	종목명	종목 코드	연 예상 배당률
최전방 공격수	KODEX 미국AI테크TOP10타겟커버드콜	483280	15%
	RISE 미국AI밸류체인데일리고정커버드콜	490590	12~20%
공격수	TIGER 미국나스닥100타겟데일리커버드콜	486290	15%
	KODEX 미국나스닥100데일리커버드콜OTM	494300	20%
	RISE 미국테크100데일리고정커버드콜	491620	12~20%
	KODEX 미국성장커버드콜액티브	0144L0	12%
미드필더	TIGER 미국S&P500타겟데일리커버드콜	482730	10%
	KODEX 미국S&P500데일리커버드콜OTM	0005A0	15%
	RISE 미국S&500데일리고정커버드콜	0138T0	12%
	SOL 미국500타겟데일리커버드콜액티브	494210	12%
수비수	TIGER 미국배당다우존스	458730	3.5~4%
	TIGER 미국배당다우존스타겟커버드콜2호	458760	10~11%
	RISE 미국배당100데일리고정커버드콜	490600	12%
	ACE 미국배당퀄리티	0046Y0	2%
	KIWOOM 미국고배당&AI테크	0107F0	3.5~4%

*예상 배당률은 예상이므로 변동될 수 있습니다.

평생 월 500만 원 받는 월배당 ETF

국내 상장 국내 월배당 ETF(월초 배당)			
포지션	종목명	종목 코드	연 예상 배당률
미드필더 & 수비수	PLUS 고배당주	161510	4~5%
	TIGER 은행고배당플러스TOP10	466940	4~5%
	KODEX 고배당주	279530	4~5%
	KODEX 금융고배당TOP10타겟위클리커버드콜	498410	15%
	TIGER 코리아배당다우존스위클리커버드콜	0104P0	10~11%
	KIWOOM 한국고배당&미국AI테크	0097L0	3~4%
	RISE 200위클리커버드콜	475720	12~18%
	TIGER 배당커버드콜액티브	472150	약 20%
	TIGER 리츠부동산인프라	329200	약 8~9%

*예상 배당률은 예상이므로 변동될 수 있습니다.

▶ 월중순 배당인 국내 상장 미국 ETF

국내 상장 미국 월배당 ETF(월중순 배당)			
포지션	종목명	종목 코드	연 예상 배당률
최전방 공격수	TIGER 미국AI빅테크10타겟데일리커버드콜	493810	15%
	TIGER 미국테크TOP10타겟커버드콜	474220	10%
	ACE 미국빅테크7+데일리타겟커버드콜(합성)	480020	15%
	ACE 미국반도체데일리타겟커버드콜(합성)	480040	15%
미드필더	ACE 미국500데일리타겟커버드콜(합성)	480030	15%
	KODEX 미국배당커버드콜액티브	441640	8~10%
수비수	KODEX 미국배당다우존스	489250	3.5~4%
	RISE 미국고배당다우존스TOP10	0115C0	3.5~4%

*예상 배당률은 예상이므로 변동될 수 있습니다.

국내 상장 국내 월배당 ETF(월중순 배당)			
포지션	종목명	종목 코드	연 예상 배당률
미드필더 & 수비수	KODEX 200타겟위클리커버드콜	498400	17%
	TIGER 200타겟위클리커버드콜	0104N0	7%
	TIGER 코리아배당다우존스	0052D0	4~5%
	KODEX 금융고배당TOP10	0089D0	3~4%
	PLUS 자사주매입고배당주	0098N0	4%
	KODEX 한국부동산리츠인프라	476800	7~9%

* 예상 배당률은 예상이므로 변동될 수 있습니다.

월배당 ETF의 원금이 녹는지 구별하는 방법

배당투자를 하다 보면 "높은 배당금을 주지만 원금이 녹는다"는 이야기를 들을 수 있습니다. 사실 기초자산의 성장률보다 높은 배당금을 지급하면 원금이 감소할 가능성이 있습니다.

그래서 저는 월배당 ETF에 투자할 때 아래와 같이 원금과 배당금을 분리해서 볼 필요가 있다고 생각합니다.

TIGER 미국S&P500타겟데일리커버드콜를 예시로 들어 설명하겠습니다. 이 상품은 2024년 5월경 주당 약 1만 원에 상장했고, 현재 주가는 약 1만 2,000원입니다. 2024년 5월부터 2026년 1월까지 원금이 약 20% 상승했습니다. 그리고 해당 기간 동안 월 배당률은 약 0.8~0.83%로 총 19개월간 배당금을 지급했으므로, 19개월간 누

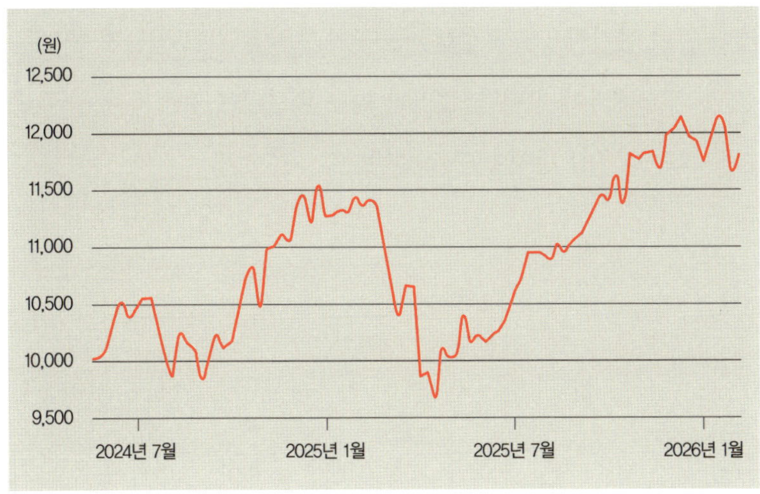

적배당률은 약 15% 정도입니다.

정리하면, 약 19개월 동안 원금이 20% 증가했고, 배당금이 약 15% 지급된 것입니다. 총수익률은 약 35%입니다.

즉, 연 약 10%의 배당률이 예상되는 커버드콜 월배당 ETF이지만, 약 19개월 동안 원금이 녹지 않고 오히려 약 20% 증가했다는 뜻입니다.

저는 이런 ETF를 '장우현 종목'이라고 부릅니다. 자산이 장기적으로 우상향하면서 매월 현금흐름까지 창출해주는 종목이라는 의미입니다. 제가 가장 중요하게 생각하는 기준이죠.

그래서 저는 이런 종류의 ETF에 주로 투자합니다. (《배당의만장》 유튜브 채널에서는 이를 '하트 종목' 혹은 '장우현 종목'이라고 부릅니다).

이제 여러분도 월배당 ETF를 투자하거나 투자 중이시라면, 이렇게 원금이 장기적으로 우상향하는 주가 흐름을 갖고 있는지 한 번쯤은 꼭 체크해봐야 합니다. 그러면 높은 배당금에 유혹되어 원금 손실을 보는 경우를 방지할 수 있습니다.

월초와 월중순, 한 달에 두 번 배당받기

위와 같이 월초 배당 종목과 월중순 배당 종목을 적절히 섞으면 어떻게 될까요? 매달 초에 한 번, 중순에 한 번, 총 두 번 배당금이 들어옵니다.

예를 들어 월초 배당으로 TIGER 미국S&P500타겟데일리커버드콜을 보유하고, 월중순 배당으로 KODEX 미국배당커버드콜액티브를 보유한다면 한 달에 두 번 통장에 돈이 찍힙니다. 월급처럼 정기적으로 말이죠.

이것이 심리적으로 큰 안정감을 줍니다. 주가가 오르내려도 매달 두 번 배당금이 들어오니 흔들리지 않고 투자를 지속할 수 있습니다.

여기까지 성장과 배당의 기본 주전선수들을 살펴봤습니다. 공격수부터 수비수까지, 성장주 ETF와 배당주 ETF를 어떻게 배치하는지 예시를 통해 확인했습니다.

그런데 축구팀을 운영하려면 주전선수들만으로는 부족합니다. 골키퍼도 필요하고, 상황에 따라 투입할 대기 선수도 있어야 합니다. 특히 퇴직연금처럼 안정성이 중요한 계좌에서는 원금을 지키는 골키퍼의 역할이 더욱 중요해집니다.

그래서 이번에는 전체 축구팀 구성을 보여드리겠습니다. 주전선수뿐 아니라 골키퍼, 안전자산, 대기 선수까지 포함된 완전한 포트폴리오입니다.

完전한 축구팀 구성, 주전부터 골키퍼, 대기 선수까지

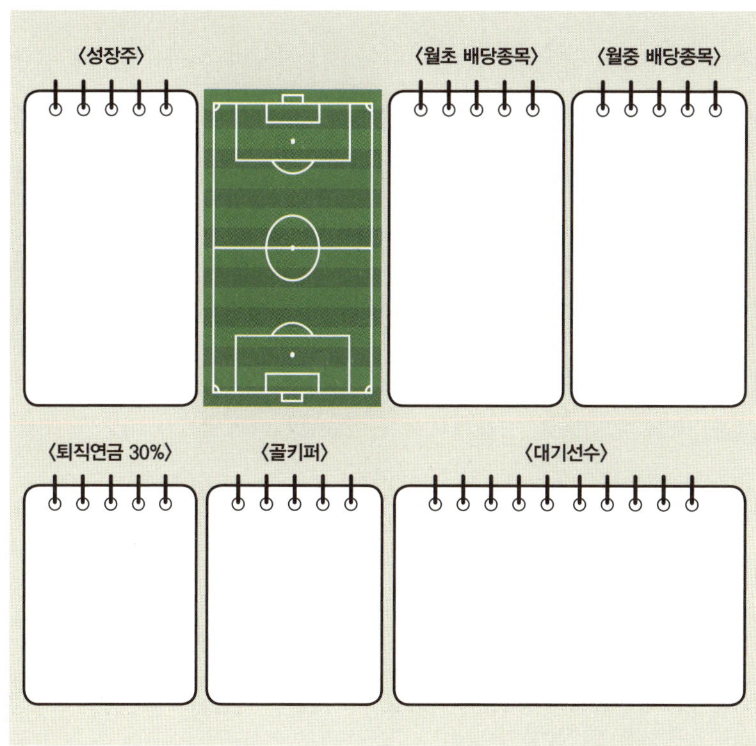

퇴직연금 IRP 계좌 안전자산 30%

퇴직연금 IRP 계좌에서는 현재 안전자산으로 분류되는 자산을 30% 이상 투자하게끔 하는 제약이 있습니다. 퇴직연금은 은퇴 후의 안정적인 소득을 추구하기 때문에 공격수만 100% 담기에는 리스크가 많다고 보는 것이죠. 그럴 때 다음과 같은 ETF를 고려해볼 수 있습니다.

1Q 미국나스닥100미국채혼합50액티브

종목 코드는 0111P0이며, 나스닥100에 50% 비중과 미국 단기채권에 50% 비중을 담을 수 있는 액티브 ETF입니다. 나스닥100의 성장성과 미국 단기채권의 안정성을 함께 추구하는 것이 특징입니다. 채권혼합형 ETF라서 퇴직연금계좌 내 안전자산 30% 비중을 채우기에 적합합니다.

만약 퇴직연금에 주식 비중을 최대로 하고 싶다면, 나스닥100 ETF를 70% 비중으로 담고 1Q 미국나스닥100미국채혼합50액티브를 30% 비중으로 조합해보세요. 그러면 나스닥100 비중을 최대 85%, 미국 단기채권 비중을 15%로 구성할 수 있습니다.

나스닥100의 변동성이 여전히 높다고 생각하신다면, 나스닥100 대신 S&P500을 50% 담은 1Q 미국S&P500미국채혼합50액티브를 고려할 수 있습니다. 시장 지수와 채권의 균형을 맞춘 상품이 '미드필더' 역할을 해줄 것입니다.

TDF(Target Date Fund)

KODEX TDF2050액티브, TIGER TDF2045 등이 있습니다. 은퇴 시점에 맞춰 자동으로 자산 비중을 조정해주는 생애주기 펀드입니다.

KODEX TDF2050의 경우 글로벌 주식과 국내 채권으로 구성되어 있으며, 은퇴 시점을 2050년에 맞춰 은퇴 시점이 가까울수록 위험자산 비중인 글로벌 주식 비중을 줄이고, 안전자산인 국내 채권을 자동으로 리밸런싱해주는 ETF입니다.

TIGER TDF2045의 경우는 2045년을 목표로 미국 S&P500과 국내 채권을 혼합해 2045년이 가까울수록 주식 비중을 줄이고 채권 비중을 늘리는 ETF입니다.

이러한 TDF는 퇴직연금계좌 내 안전자산 30% 규정에 해당되는 종목으로 최대 100%까지도 투자가 가능합니다.

골키퍼: 원금 보존 추구

축구에서 골키퍼가 최후의 보루로서 실점을 막아내듯, 투자에서도 현금성 자산은 원금 손실을 방어하는 역할을 합니다. 공격적인 투자도 중요하지만, 시장의 변동성 속에서 자산을 지켜낼 수 있는 안전판도 반드시 마련해두어야 합니다.

KODEX 머니마켓액티브, RISE 머니마켓액티브

국공채, 단기회사채 등에 투자하는 단기투자 상품으로 파킹형 ETF
라고도 불리며, 변동성이 낮은 자산에 투자해 안정적인 수익을 추구
합니다. 주식시장이 폭락하거나 큰 변동성이 있을 때 대기 자금으로
활용할 수 있습니다.

대기 선수

대기 선수들은 경기 상황에 따라 적절히 활용하면 경기의 흐름을 유
리하게 바꿀 수 있습니다. 투자에서도 마찬가지입니다. 평소에는 벤
치에 앉아 있다가 위기 상황에서 힘을 발휘하는 자산이 있습니다.

금 ETF

금은 장기적으로 인플레이션 헤지 역할을 하며, 주식시장이 하락할
때 방어 자산으로 기능합니다. 포트폴리오의 10% 수준으로 모아가
는 것도 괜찮을 수 있습니다.

금 ETF의 경우 국내 KRX 금가격을 추종하는 ETF와 국제 금가격
을 추종하는 ETF가 있습니다.

먼저 국내 KRX 금가격을 추종하는 ETF로는 TIGER KRX금현
물, ACE KRX금현물이 있으며, 국제 금가격을 추종하는 ETF로는
KODEX 금액티브, SOL 국제금이 있습니다.

이렇게 구분하는 이유는 국내 금가격과 국제 금가격의 차이가 존재하기 때문입니다. 국제 금가격에 비해 국내 금가격이 비싼 현상이 발생하는데, 이를 흔히 '김치프리미엄'이라고 말합니다.

저는 김치프리미엄이 적을 때는 국내 KRX 금가격을 추종하는 TIGER 및 ACE를 추천드리고, 김치프리미엄이 크게 발생할 때는 국제 금가격을 추종하는 KODEX 및 SOL을 추천드립니다. 그 이유는 금가격이 강세장일 때는 김치프리미엄이 증가하고, 금가격이 약세장일 때는 김치프리미엄이 감소하는 경향이 있기 때문입니다.

금 채굴 기업에 투자하고 싶다면 HANARO 글로벌금채굴기업 ETF가 있습니다. 뉴몬트, 애그니코이글마인스 등 미국, 캐나다, 호주 등 글로벌 금 채굴 기업 주식을 구성종목으로 담고 있습니다. 금가격이 상승하면 채굴 기업의 이익이 증가하는 경향이 있어서, 글로벌 금광업의 성과를 직접적으로 반영하는 ETF입니다.

안정성을 더하고 싶다면 PLUS 금채권혼합 ETF를 주목할 만합니다. 금과 국고채 3년물에 각각 50%씩 투자하는 채권혼합형 ETF입니다. 국제 금 가격을 추종하면서도 국고채의 안정성을 겸비한 구조로, 안전자산으로 분류되어 퇴직연금계좌에 100% 투자가 가능합니다. 만약 S&P500과 금을 한번에 투자하고 싶다면 KIWOOM 미국 S&P500&GOLD ETF가 좋은 선택지가 될 수 있습니다.

이러한 금 ETF들은 매매차익에 배당소득세 또는 보유기간 과세가 적용되므로, ISA나 연금저축 등 절세계좌를 활용하는 것이 유리합니다.

종목을 교체하는 방법

리밸런싱은 포트폴리오의 균형을 다시 맞추는 작업입니다. 축구로 비유하자면 경기 중에 포메이션을 바꾸는 것과 같습니다. 전반전에는 4-4-2로 수비 위주로 경기를 풀어가다가, 후반전에는 3-4-3으로 공격수를 보강해 골을 넣으려 하는 것처럼요. 투자도 마찬가지입니다. 시장 상황이 바뀌면 포트폴리오의 전술도 바뀌어야 합니다.

큰 하락장을 겪었을 때 : 수비보다 공격 위주

시장이 크게 하락했다는 것은 주가가 싸졌다는 의미입니다. 이럴 때

   평생 월 500만 원 받는 월배당 ETF

수비만 하면 어떻게 될까요? 축구 경기로 비유하면, 상대팀에게 이미 여러 골을 내주고도 계속 수비만 하는 꼴입니다. 그러면 결국 경기에서 집니다.

이미 큰 하락이 발생한 하락장에서는 공격수 포지션을 강화해야 합니다. 즉, 성장주 비중을 늘리는 것입니다. 골을 넣기 위해 준비하는 시간이죠.

예를 들어볼까요. 2020년 3월 코로나 팬데믹 초기, 시장이 폭락했을 때를 떠올려봅시다. 나스닥100은 30% 가까이 떨어졌고, 모두가 패닉에 빠졌습니다. 이럴 때 안전자산만 붙잡고 있으면 어떻게 될까요? 경기가 끝날 때까지 계속 지는 것입니다.

그때가 바로 공격수를 보강할 타이밍입니다. 떨어진 나스닥100 ETF나 S&P500 ETF의 비중을 늘리는 것이죠. 실제로 그 뒤 시장은 어떻게 됐습니까? 1년 만에 두 배 이상 회복했습니다. 하락장에서 공격수를 보강한 투자자들은 큰 수익을 거뒀습니다.

구체적으로 어떻게 할까요? 수비수나 골키퍼 등 안전자산의 일부를 매도하고, 그 돈으로 공격수를 매수할 수도 있습니다. 혹은 배당주에서 나온 배당금으로 최전방 공격수, 공격수를 매입해 공격 비중을 키울 수도 있습니다. 새로 투자할 여윳돈이 있다면 수비수보다 공격수 위주로 투입할 수 있습니다.

예를 들어, 원래 공격수 20 / 미드필더 30 / 수비수 30 / 골키퍼 20이었던 포트폴리오를, 최전방 공격수 20 / 공격수 30 / 미드필더 30 / 수비수 10 / 골키퍼 10으로 조정하는 식입니다.

또는 배당주에서 성장주로 조정하는 것도 하나의 방법입니다. 예를 들어, 성장주 50 / 배당주 50이었던 포트폴리오를 성장주 60~70 / 배당주 30~40으로 조정하는 식입니다.

다만 한 가지 주의할 점이 있습니다. 하락장이라고 무조건 공격으로만 가면 안 됩니다. 수비수를 아예 없애버리면 더 큰 실점을 당할 수 있으니까요. 공격과 수비, 성장과 배당을 일정 비율로 유지하면서 공격 비중을 조금 더 높이는 것입니다.

큰 상승장을 겪었을 때 : 공격수보다 미드필더·수비수 위주

반대로 시장이 크게 상승했다면 어떻게 해야 할까요? 이미 여러 골을 넣어서 승리가 거의 확실한 상황입니다. 이럴 때는 공격수를 쉬게 하고 수비수를 보강하는 것이 현명합니다.

투자로 풀어보면, 많이 오른 공격수 포지션의 성장주 일부를 매도하고 배당주나 안전자산의 비중을 높이는 것입니다. 수익을 지키는 전략이죠.

물론 매도를 하지 않아도 됩니다. 그 대신 신규 적립식 투입자금을 공격수 포지션의 성장주보다는 미드필더, 수비수 위주 그리고 안전자산과 배당 위주로 편입하면 됩니다.

그리고 배당금을 재투자할 때는 공격수보다 수비수, 배당주 위주로 투자해도 되는 것입니다.

  평생 월 500만 원 받는 월배당 ETF

코로나19 이후 약 2년간 나스닥100은 80% 가까이 올랐습니다. 이런 경우 처음에 계획했던 공격수 비중이 커졌을 겁니다. 이럴 때 계속 공격수만 추가 매수를 했다면 어떻게 될까요? 다음 해인 2022년에 시장이 폭락했고, 공격수만 가득했던 투자자들은 큰 손실을 입었습니다.

하지만 공격수 비중이 원래 계획했던 비중을 초과할 경우, 신규 적립자금이나 배당금 재투자를 수비수 위주로 했다면 상대적으로 리스크를 줄일 수 있었을 것입니다.

만약 성장주가 목표 비중보다 10~20% 이상 높아졌다면, 초과분의 일부를 매도합니다. 예를 들어 성장주 50%가 목표였는데 주가 상승으로 70%가 되었다면, 초과된 20% 중 절반인 10%를 팔아서 수비수쪽 배당주나 안전자산을 보강하는 것입니다. 성장주 60%, 배당주 40% 정도로 균형이 맞춰집니다.

평상시 리밸런싱하는 법

포트폴리오 구성이 끝났다고 투자가 끝난 게 아닙니다. 시장은 끊임없이 움직이고, 그에 따라 포트폴리오의 비중도 달라집니다. 성장주가 급등하면 전체 포트폴리오에서 성장주 비중이 지나치게 높아지고, 배당주가 부진하면 배당주 비중이 낮아집니다. 이때 필요한 것이 리밸런싱입니다. 처음 세운 전략대로 비중을 다시 맞추는 작업이죠.

리밸런싱은 시장 변화에 대처하는 기본 전략이지만, 너무 자주 해서는 안 됩니다. 매일 주가를 보며 사고팔다 보면 오히려 감정에 휘둘리기 쉽고, 불필요한 수수료와 세금도 발생합니다.

저는 매월 배당금을 확인하면서 월배당 시트를 기록하고, 특이 사항을 체크합니다. 그때 포트폴리오를 점검하며 목표 비중과 얼마나 차이가 나는지 확인합니다.

만약 성장주가 목표보다 10% 이상 벗어났다면 조정하고, 10% 이내라면 그냥 둡니다. 사실 대부분의 경우 그냥 둡니다. 왜냐하면 저는 배당금 재투자로 자연스럽게 리밸런싱이 되도록 하기 때문입니다.

배당금이 들어오면 비중이 낮은 쪽에 재투자합니다. 성장주 비중이 높아졌다면 배당금으로 배당주를 사고, 배당주 비중이 높아졌다면 배당금으로 성장주를 삽니다. 공격수 비중이 늘어났다면 미드필더 수비수 위주로 배당금을 재투자하는 방법입니다. 이렇게 하면 별도로 매도하지 않아도 자연스럽게 균형이 맞춰집니다.

가장 중요한 원칙은 이것입니다. 시장이 하락했다고 패닉에 빠져 성장주를 전부 팔아버리거나, 시장이 상승했다고 흥분해서 안전자산을 전부 정리하고 성장주만 담지 마세요. 축구팀에는 공격수도 필요하고 수비수도 필요합니다. 둘 다 있어야 경기를 이길 수 있습니다.

리밸런싱은 감정을 배제하고 기계적으로 하는 것입니다. 룰을 정하고 그대로 따르세요. 그것이 장기투자에서 흔들리지 않고 목표를 달성하는 비결입니다.

     평생 월 500만 원 받는 월배당 ETF

"최고의 팀은 공격수와 수비수의
완벽한 호흡으로 완성됩니다."

자산 증식을 책임지는 성장주 ETF라는 공격수와,
매달 현금흐름을 만들어내는 배당주 ETF라는 미드필더,
그리고 원금을 지키는 채권과 현금성 자산이라는 골키퍼,
적절히 활용하면 흐름을 바꾸는 금이라는 대기선수까지.
이들의 조화로운 배치가 자산 배분의 핵심입니다.

이 견고한 시스템 위에서 여러분의 자산이 기하급수적으로 불어나는
압도적인 경기를 즐기세요.

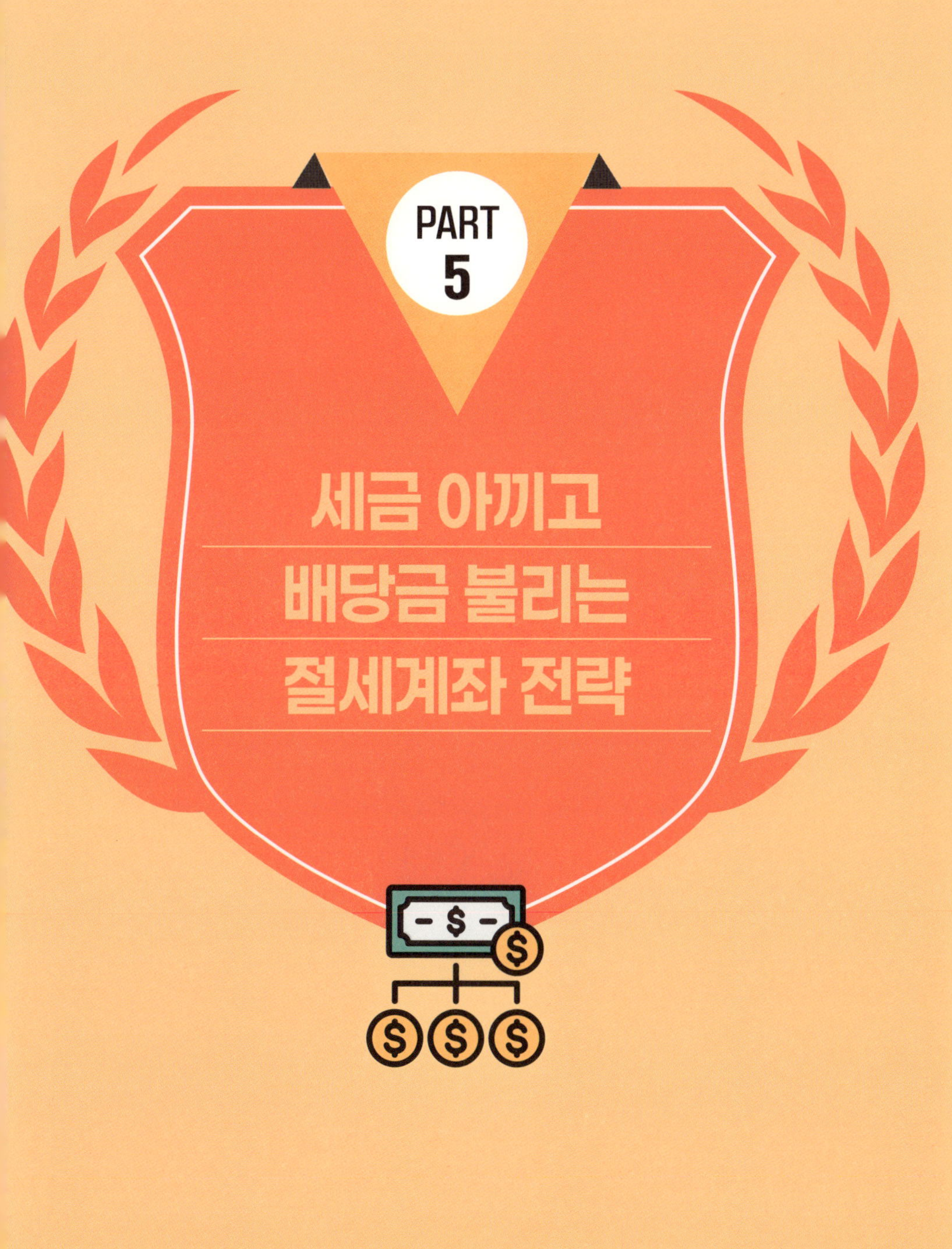

PART
5
세금 아끼고
배당금 불리는
절세계좌 전략

ETF 투자 시
반드시 고려해야 할 세금

ETF에 투자하면서 사람들이 흔히 간과하는 부분이 있습니다. 바로 세금입니다. 투자 전략을 세울 때는 수익률만 보고 판단하면 안 됩니다. 같은 금액을 투자해도 세금 정책에 따라 세후 수익이 달라질 수 있습니다. 그러니까 세금까지 고려해야 진짜 수익을 알 수 있다는 뜻입니다.

ETF는 상장 시장과 투자 대상에 따라 세금 구조가 다릅니다. 여기서 국내 상장 국내 ETF는 국내주식형 ETF와 국내주식형 커버드콜 ETF로 분류하고, 국내 상장 미국 ETF는 국내 상장 미국주식형 ETF와 국내 상장 미국커버드콜 ETF로 나눠 각각의 세금 구조를 설명하겠습니다.

구분	예시 종목	일반 계좌	
		매매차익	배당금
국내주식	삼성전자, SK하이닉스	비과세	배당소득세 15.4%
국내주식형 ETF	KODEX 200, TIGER 200, PLUS 고배당주	비과세	배당소득세 15.4%
국내주식형 커버드콜 ETF	KODEX 200타겟 위클리커버드콜, TIGER 배당커버드콜액티브	보유 기간과세 (배당소득세 15.4%)	배당금 – 배당소득세 15.4% 옵션프리미엄 – 비과세
국내 상장 미국주식형 ETF	TIGER 미국나스닥100, KODEX 미국S&P500	보유 기간과세 (배당소득세 15.4%)	미국 원천징수 15%
국내 상장 미국주식형 커버드콜 ETF	TIGER 미국나스닥100 타겟데일리커버드콜, KODEX 미국배당 커버드콜액티브	보유 기간과세 (배당소득세 15.4%)	배당금 – 미국 원천징수 15% 옵션프리미엄 – 배당소득세 15.4%

참고로, 국내주식은 시세차익에 대해 비과세입니다. 다만 배당금에는 15.4%의 배당소득세가 붙습니다.

예를 들어 삼성전자에 1,000만 원을 투자해서 주가가 10% 올라 1,100만 원이 되었다면, 차익인 100만 원에는 세금이 붙지 않습니다.

만약 연 배당률 4%로 배당금 40만 원을 받는다면, 여기서 15.4%인 6만 1,600원이 세금으로 빠져나가고, 실수령액은 33만 8,400원이 됩니다.

국내주식형 ETF

국내주식형 ETF에는 KODEX 200, PLUS 고배당주와 같은 상품들이 포함되어 있습니다. 이 유형은 국내주식과 마찬가지로 세금 구조가 단순한 편입니다.

우선 매매차익에 대해선 비과세입니다. 예를 들어 1억 원에 사서 1억 5,000만 원에 팔아도 5,000만 원의 차익에 대해 세금을 한 푼도 내지 않습니다.

배당금에만 15.4%의 배당소득세가 부과됩니다. 100만 원의 배당금을 받으면 15만 4,000원을 세금으로 내고 84만 6,000원을 받는 겁니다. 배당금을 받을 때 15.4%가 자동으로 원천징수되고 나옵니다.

여기서 중요한 점은 금융소득종합과세입니다. 연간 금융소득(이자+배당)이 2,000만 원을 넘으면 종합과세 대상이 됩니다. 다른 소득과 합산되어 세율이 높아질 수 있다는 뜻입니다.

예를 들어 금융소득이 3,000만 원이라면, 2,000만 원까지는 15.4% 분리과세로 끝나고, 초과분 1,000만 원은 근로소득이나 사업

▶ **국내 상장 국내 ETF 세금 예시**

항목	금액	세금
매수 금액	1억 원	–
매도 금액	1억 5,000만 원	–
매매차익	5,000만 원	0원
배당금	100만 원	15만 4,000원 (세율 15.4%)

평생 월 500만 원 받는 월배당 ETF

연간 금융소득	과세 방식	세율
2,000만 원 이하	분리과세	15.4%
2,000만 원 초과	종합과세	근로소득, 사업소득 등과 합산하여 6.6%~49.5%

소득 등 다른 소득과 합산되어 종합소득세율(6.6%~49.5%, 지방소득세 포함 시)이 적용됩니다. 만약 다른 소득이 많아서 종합소득세율이 높다면 세 부담이 커질 수 있습니다. 반면 금융소득이 2,000만 원 이하라면 15.4% 분리과세되는 것으로 끝입니다.

국내주식형 커버드콜 ETF

KODEX 200타겟위클리커버드콜, TIGER 배당커버드콜액티브 등의 상품들이 포함되어 있습니다. 이런 상품에 투자할 때는 반드시 '보유기간과세'의 원리를 이해해야 합니다. 겉으로 보이는 수익과 실제 내 손에 쥐는 세후 수익이 다를 수 있기 때문입니다.

이들 ETF의 매매차익에 대해서는 'MIN(매매차익, 과표증분) × 15.4%'라는 방식으로 과세됩니다. 즉, 내가 번 돈과 과세기준으로 정한 과세기준가(과표)의 상승분 중 더 적은 금액을 기준으로 세금을 매깁니다.

예를 들어보겠습니다. 2025년 1월 2일에 KODEX 200타겟위클리커버드콜 ETF를 9,635원(A)에 매수하여, 같은 해 12월 19일에

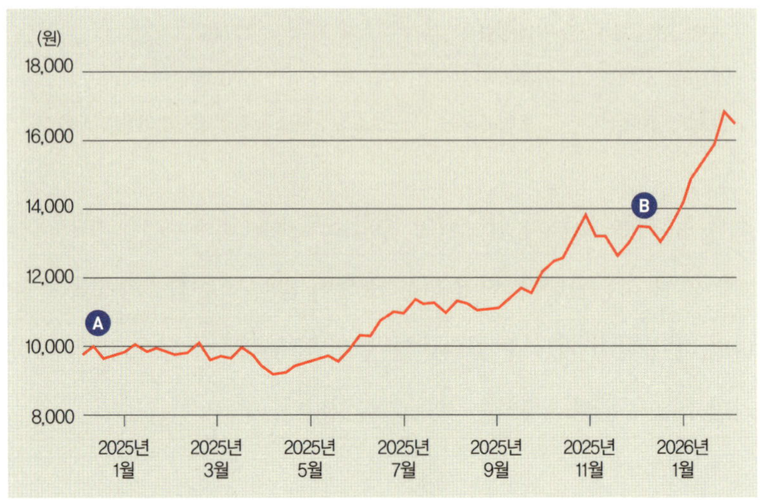

KODEX 200타겟위클리커버드콜 ETF의 일자별 거래가격과 과표기준가

일자	거래가격(원)	과표기준가(원)
20250102	9,635	9,829
20251219	13,060	9,790

13,060원(B)에 매도했을 때, 주당 3,425원이라는 매매차익이 발생했습니다.

하지만 같은 기간 이 종목의 과표기준가는 9,829원에서 9,790원으로 감소했습니다. 과표증분이 마이너스이기 때문에, 매매차익이 아무리 커도 과세 대상 금액은 '0원'이 되어 세금이 한 푼도 발생하지 않습니다.

이처럼 매매차익이 발생했는데도 과표기준가가 낮아져 비과세 혜택을 받는 경우가 있는가 하면, 주가는 폭등했지만 과표기준가는 소

평생 월 500만 원 받는 월배당 ETF

폭 올라 세금이 미미한 경우도 생깁니다.

따라서 투자자는 단순히 주가 차트만 볼 것이 아니라, 해당 운용사 홈페이지에서 종목별 과표기준가[★]와 그 변동폭(과표증분)[★★]을 반드시 확인해야 합니다. 이는 해당 종목의 운용사 홈페이지에서 확인할 수 있습니다.

한편, 배당금에는 일반적인 배당소득세 15.4%가 원천징수됩니다. 다만, 커버드콜 전략의 핵심인 국내 옵션프리미엄 수익을 통해 지급되는 배당금은 비과세입니다.

한 가지 더 팁을 드리면, 만약 당일에 매수해서 당일에 매도한다면 과표기준가 변동이 없으므로(과표증분 0), 매매차익이 발생하더라도 세금은 0원이 됩니다. 절세도 공부한 만큼 보이는 법입니다.

국내 상장 미국주식형 ETF

국내 상장 미국주식형 ETF에는 TIGER 미국나스닥100, KODEX 미국S&P500, KIWOOM 미국고배당&AI테크와 같은 상품들이 포함되어 있습니다. 원화로 거래하지만 미국 시장에 투자하는 ETF입니다.

★ 과표기준가: 과세기준이 되는 가격으로, ETF 매수, 매도 시점의 기준가를 의미합니다.
★★ 과표증분: 매수·매도 시점의 과표기준가 차이로, 보유기간과세 시 매매차익과 함께 과세 대상 금액을 결정하는 지표입니다.
（과표증분 = 매도 시 과표기준가 − 매수 시 과표기준가）

국내주식형 ETF(KOSPI 200 등)와의 가장 중요한 차이는 매매차익에 대한 과세 여부입니다. 국내주식형 ETF에는 매매차익에 대해 비과세인 반면, 국내 상장 미국주식형 ETF에는 매매차익에 대해 15.4%의 배당소득세가 부과됩니다.

구체적으로는 MIN(매매차익, 과표증분) × 15.4% 방식이 적용되므로, 종목별 과표기준가와 과표증분을 확인해야 합니다.

배당금에 대해서는 15%가 해외에서 원천징수됩니다.

예를 들어 1억 원을 투자해서 1억 5,000만 원에 매도했고 5,000만 원의 차익이 발생했다면(과표증분 동일 가정), 세율 15.4%가 적용되어 770만 원의 세금이 원천징수 부과됩니다. 따라서 실제로 손에 쥐는 수익은 4,230만 원입니다.

만약 100만 원의 배당금을 받는다면, 15% 미국에서 원천징수되므로, 15만 원을 세금으로 내고 85만 원을 받게 됩니다.

여기서도 금융소득종합과세가 적용됩니다. 연간 금융소득이 2,000만 원을 초과하면 다른 소득과 합산되어 종합소득세율(최대 49.5%)이 적용되는데, 국내 상장 미국주식형 ETF의 경우 매매차익

› 국내 상장 미국 ETF 세금 예시

항목	금액	세금
매수 금액	1억 원	–
매도 금액	1억 5,000만 원	–
매매차익	5,000만 원	770만 원 (세율 15.4%, 과표증분 동일 가정)
배당금	100만 원	15만 원 (현지 세율 15%)

과 배당금을 모두 합해 계산하기 때문에 큰 차익을 실현하는 해에는 2,000만 원을 쉽게 넘을 수 있습니다.

만약 국내 상장 미국주식형 ETF에서 매매차익 1,500만 원, 배당금 1,000만 원으로 총 2,500만 원의 금융소득이 발생했다면, 2,000만 원 초과분인 500만 원은 근로소득 등 다른 소득과 합산되어 종합과세됩니다.

국내 상장 미국주식형 커버드콜 ETF

TIGER 미국나스닥100타겟데일리커버드콜, KODEX 미국배당커버드콜액티브 등이 포함됩니다.

매매차익은 보유기간과세 방식으로 MIN(매매차익, 과표증분) × 15.4%가 적용됩니다.

배당금은 배당소득세 15%가 해외에서 원천징수됩니다.

커버드콜 전략으로 발생한 옵션프리미엄에 대해서도 배당소득세 15.4%가 과세됩니다.

국내 상장 금·원자재 ETF

TIGER KRX금현물, ACE KRX금현물, KODEX 금액티브, SOL 국

제금 등이 포함됩니다.

매매차익은 보유기간과세 방식으로 MIN(매매차익, 과표증분) × 15.4%가 적용됩니다.

배당금에 대해서도 배당소득세 15.4%가 과세됩니다.

이러한 과세 기준 때문에 저는 국내 상장 미국주식형 ETF, 국내 상장 미국주식형 커버드콜 ETF, 국내 상장 금·원자재 ETF 등 매매차익에 대해 과세되는 상품의 경우 절세계좌인 ISA와 연금저축을 우선적으로 활용합니다.

절세계좌는 매매차익에 대해 과세이연, 분리과세, 저율과세 등의 혜택으로 건강보험료 추가 부담이나 금융소득종합과세에서 자유로울 수 있습니다.

미국 상장 미국 ETF

미국 상장 미국 ETF에는 QQQ, VOO 같은 상품이 포함됩니다.

미국에서 15%가 원천징수됩니다. 100달러의 배당금을 받으면 15달러가 미국 국세청(IRS)에서 자동으로 차감되고, 85달러가 증권 계좌로 입금됩니다. 한국의 배당 세율은 14%(지방소득세 포함 시 15.4%)입니다.

그런데 미국에서 이미 15%를 원천징수했으므로, 한국 세율인 14%보다 많이 낸 것으로 간주되어 국내에서 추가 세금은 없습니다.

   평생 월 500만 원 받는 월배당 ETF

항목	금액	세금
매수 금액	1억 원	–
매도 금액	1억 5,000만 원	–
매매차익	5,000만 원	1,045만 원 (세율 22%, 250만 원 공제 후)
배당금	100만 원	15만 원(미국에서 15% 원천징수)

* 편의상 달러가 아닌 원화로 계산함

다만 연간 금융소득(이자+배당)이 2,000만 원을 초과할 경우 금융소득종합과세 대상이 됩니다.

매매차익에는 양도소득세 22%가 부과됩니다. 여기서 중요한 포인트는 연간 250만 원은 기본공제된다는 것입니다. 만약 1년 동안 총 1,250만 원의 매매차익을 냈다면, 250만 원을 공제한 1,000만 원에 대해 22%인 220만 원을 세금으로 내야 합니다.

앞에서 여러 차례 언급했듯, 금융종합소득세는 이자소득과 배당소득을 합산한 금액이 연간 2,000만 원을 초과할 때 부과되는 세금입니다.

종합소득세율은 과세표준에 따라 최저 6%에서 최고 45%(지방소득세 미포함)까지 적용되며, 소득이 높을수록 세율도 높아집니다.

종합소득세 과세표준 기준은 다음 표와 같습니다.

▶ 종합소득세 과세표준

과세표준	세율	누진공제
1,400만 원 이하	6%	–
1400만 원 초과~5,000만 원 이하	15%	126만 원
5,000만 원 초과 ~ 8,800만 원 이하	24%	576만 원
8,800만 원 초과 ~ 1억 5,000만 원 이하	35%	1,544만 원
1억 5,000만 원 초과 ~ 3억 원 이하	38%	1,994만 원
3억 원 초과 ~ 5억 원 이하	40%	2,594만 원
5억 원 초과 ~ 10억 원 이하	42%	3,594만 원
10억 원 초과	45%	6,594만 원

금융소득 증가에 따른 건강보험료 변화는 가입자 유형에 따라 차이가 있으므로 주의가 필요합니다.

우선 직장가입자의 경우, 월급 외의 소득(이자·배당 등)이 연간 2,000만 원을 초과하면 별도의 보험료가 추가됩니다. 이때는 2,000만 원을 넘는 초과분에 대해서만 건강보험료율(약 7.09%)이 적용되어 월급 외에 추가로 고지됩니다.

지역가입자(은퇴자 등)는 기준이 더 엄격합니다. 금융소득이 연간 1,000만 원을 초과하는 순간, 초과분이 아닌 금융소득 전체가 보험료 산정 대상에 포함됩니다.

예를 들어 별도의 수입 없이 배당으로만 생활하는 은퇴자 C씨의 배당소득이 연간 1,100만 원이라면, 1,000만 원을 넘겼기 때문에 1,100만 원 전체에 대해 약 8%(장기요양보험료 포함)의 보험료가 부과됩니다. 결과적으로 연간 약 88만 원의 건강보험료를 추가로 부담하게 되는 셈입니다.

이처럼 지역가입자는 단 1만 원 차이로도 보험료 부담이 달라질 수 있다는 점을 기억하시기 바랍니다.

그래서 우선적으로 절세계좌를 활용하는 것이 중요합니다.

ISA 계좌,
세금을 줄이는 합법적인 방법 1

ETF 유형별 세금을 알았다면, 이제 세금을 줄이는 방법을 알아야 합니다.

투자에서 수익률만큼 중요한 것이 세금입니다. 아무리 좋은 수익을 내도 세금으로 상당 부분을 내주면 실제 손에 쥐는 돈은 생각보다 적을 수 있습니다.

다행히 정부는 개인투자자들의 자산 형성을 돕기 위해 여러 절세 계좌 제도를 마련해두었습니다. ISA, 연금저축, IRP가 대표적입니다. 이 계좌들을 제대로 활용하면 합법적으로 세금을 크게 줄일 수 있습니다.

ISA 계좌, 비과세 위력

먼저 ISA에 대해 알아보도록 하겠습니다. ISA는 Individual Savings Account의 약자로 개인종합자산관리계좌입니다. 정부가 국민의 자산 형성을 돕기 위해 만든 절세 상품입니다.

ISA 계좌는 매년 2,000만 원 한도로 납입이 가능합니다. 납입하지 못했을 경우에는 다음 해로 납입 금액이 이월됩니다. 5년 최대 1억 원까지 입금이 가능합니다.

예를 들어 올해 ISA 계좌를 개설했는데 1,000만 원만 입금하고 내년으로 넘어갔을 경우, 내년에는 최대 3,000만 원(올해 미납분 1,000만 원 + 내년 한도 2,000만 원)까지 납입할 수 있습니다.

한 가지 편리한 점은 꼭 2,000만 원씩 입금할 필요가 없다는 겁니다. 여유 자금이 있을 때마다 만 원씩이라도 충분히 납입이 가능하므로 부담 없이 사용할 수 있습니다. 그리고 입금을 아예 하지 않아도 불이익은 없습니다.

ISA 계좌에서 ETF 위주로 투자할 경우, 국내 상장 국내 ETF와 국

> **ISA 계좌의 기본 정보**

항목	내용
연간 납입 한도	2,000만 원 (미납분 이월 가능)
총 납입 한도	5년 최대 1억 원
의무 보유 기간	3년
투자 가능 상품	국내 상장 ETF, 국내주식 등

내 상장 미국 ETF에 투자가 가능합니다. 해외에 상장되어 있는 해외 (미국) ETF(QQQ, VOO, SCHD 등)에는 투자할 수 없습니다. 국내주식은 살 수 있지만, 해외주식은 불가능합니다.

비과세와 분리과세, ISA 계좌의 핵심 혜택

ISA의 가장 큰 장점은 비과세입니다. 일반형(5,000만 원 소득 초과)은 200만 원, 서민형(5,000만 원 소득 이하)은 400만 원까지 순이익에 대해 세금을 내지 않습니다. 그리고 초과분에 대해서도 9.9% 분리과세만 적용됩니다. 일반 계좌의 15.4% 세율 대비 매우 큰 절세 효과입니다. 이러한 분리과세는 금융소득종합과세 및 건강보험료에도 영향을 미치지 않기 때문에 ISA 계좌는 필수 계좌라고 볼 수 있습니다.

ISA 계좌는 과세이연 효과도 일부 가져갈 수 있습니다. 배당금을 받을 때마다 세금을 떼는 게 아니라 만기 시 정산하기 때문에, 그 사

> **ISA 계좌의 핵심 혜택**

구분	일반 계좌	ISA 일반형	ISA 서민형
비과세 한도	없음	200만 원	400만 원
초과분 세율	15.4%	9.9%	9.9%

유형	배당금액	과세방식	과세금액
일반 계좌	500만 원	15.4% 배당소득세	77만 원
ISA 계좌(일반형)	500만 원	200만 원 비과세 + 초과분 9.9% 분리과세	29만 7,000원

이에 배당금 전액을 재투자할 수 있습니다. 즉, 과세가 이연되기 때문에 배당투자를 하시는 분들, 그리고 국내 상장되어 있는 미국 ETF에 투자하시는 분들에게는 매우 중요한 절세계좌입니다.

연금계좌 이전 시 추가 세액공제

ISA는 3년 만기 후 또 다른 혜택이 기다리고 있습니다. 바로 연금저축이나 IRP로 자금을 이전할 때 받을 수 있는 추가 세액공제입니다.

이전 금액의 10%, 최대 300만 원까지 추가 세액공제 대상으로 인정받습니다. 3년마다 수십만 원의 추가 환급을 받을 수 있는 것이죠.

구체적인 예를 들어보겠습니다. ISA 계좌에 3년간 6,000만 원을 납입하고, 투자 수익 1,000만 원이 발생해 총 7,000만 원이 되었다고 가정해봅시다. 이를 만기 후 연금계좌로 이전하면 7,000만 원의 10%가 세액공제 대상이 되지만, 최대한도가 300만 원이므로 300만 원에 대해 세액공제를 받게 됩니다.

여기서 끝이 아닙니다. 연금계좌로 이전한 순간부터는 55세까지 과세가 이연됩니다. ISA에서 3년간 비과세 혜택을 누린 후, 연금계좌의 과세이연 혜택까지 연결되는 것입니다. 마치 절세 도미노처럼 혜택이 이어지는 구조입니다.

상황에 따라서는 연금저축계좌로 즉시 이전하지 않고, ISA 계좌의 만기를 연장한 채 투자를 지속하는 경우도 있습니다.

단계	기간	혜택
1단계	ISA 계좌 3년 보유	비과세 (일반형 200만 원, 서민형 400만 원) + 분리과세 9.9%
2단계	만기 후 연금계좌 이전	추가 세액공제 (최대 300만 원)
3단계	연금계좌 보유 (55세까지)	과세이연
4단계	55세 이후 연금 수령	저율과세 (3.3~5.5%)

연금저축·IRP 계좌,
세금을 줄이는 합법적인 방법 2

이번에는 장기 노후 자금 마련에 최적화된 연금저축과 IRP 계좌에 대해 알아보겠습니다. 이 두 계좌는 비슷하면서도 차이가 있습니다.

연금저축계좌, 투자자에게 최고의 절세 도구

연금저축계좌는 투자자에게 최고의 절세 도구입니다. 즉시 세액공제를 받는 동시에 수익에 대한 세금을 연금 개시 전까지 미루는 과세이연 효과를 동시에 누릴 수 있기 때문입니다.

먼저 세액공제 혜택을 살펴보면, 연금저축에 납입 시 연간 최대

총급여	세액공제율	최대 환급가능금액
5,500만 원 이하	16.5%	99만 원
5,500만 원 초과	13.2%	79만 2,000원

600만 원까지 세액공제 대상이 됩니다. 총급여가 5,500만 원 이하라면 16.5%를 적용받아 600만 원 납입 시 99만 원을 돌려받고, 5,500만 원을 초과한다면 13.2%를 적용받아 79.2만 원을 돌려받습니다. 주식시장에서 매년 이 정도의 수익을 확정적으로 보장하는 상품은 없습니다.

두 번째 혜택인 과세이연은 복리 효과의 핵심입니다. 일반 계좌에서는 배당금을 받는 즉시 15.4%의 세금을 뗍니다. 반면 연금저축에서는 세금 납부가 55세 이후 연금 수령 시까지 미뤄집니다.

예를 들어 1억 원을 투자해 연 5% 배당금을 받았을 때, 일반 계좌는 세금을 제외한 금액만 재투자할 수 있지만 연금저축은 배당금 전액을 재투자할 수 있습니다.

나중에 연금으로 받을 때의 세율 또한 3.3~5.5%로 낮아지므로 일반 배당소득세에 비해 훨씬 유리합니다.

연금저축의 또 다른 장점은 중도 인출이 가능하다는 점입니다. IRP와 달리 연금저축은 세액공제 받지 않은 납입금에 대해서는 언제든지 인출할 수 있습니다.

그리고 세액공제를 받은 납입금 및 수익금 등을 중도 인출 시에는 기타소득세 16.5%를 내야 하고, 그동안 받았던 세액공제 혜택도 일부 환수당할 수 있습니다.

하지만 급하게 돈이 필요할 때 전액을 해지하지 않고 필요한 만큼만 꺼낼 수 있다는 점에서 유동성이 높습니다.

연금저축계좌는 절세 혜택이 강력한 만큼 투자 대상에 제한이 있습니다. 삼성전자나 애플과 같은 국내외 개별 주식은 직접 담을 수 없습니다. 하지만 ETF에는 투자할 수 있습니다. 국내 시장에 상장된 다양한 ETF 상품을 통해 국내 지수나 산업은 물론, 미국 나스닥과 S&P500 등 전 세계 우량 자산에 투자할 수 있습니다.

IRP 계좌, 추가 세액공제로 완성하는 노후 자금

IRP(Individual Retirement Pension, 개인형 퇴직연금) 계좌는 개인이 스스로 노후 자금을 준비할 수 있도록 만든 퇴직연금계좌입니다. 회사에서 받은 퇴직금을 이전받을 수도 있고, 개인이 직접 납입할 수도 있습니다. 연금저축과 합산해 연간 1,800만 원까지 납입할 수 있으며, 연간 최대 900만 원까지 세액공제를 받을 수 있습니다. 55세까지 의

> 세액공제 환급액 (연간 900만 원 납입 시)

총급여	세액공제율	최대 환급 가능 금액
5,500만 원 이하	16.5%	148만 5,000원
5,500만 원 초과	13.2%	118만 8,000원

무 보유해야 합니다.

만약 IRP에 단독으로 900만 원을 납입한다면, 총급여 5,500만 원 이하일 경우 16.5%를 적용받아 148만 5,000원을 환급받습니다. 5,500만 원 초과라면 13.2%를 적용받아 118만 8,000원을 환급받습니다. 이것이 IRP의 가장 큰 장점입니다.

다만 IRP에는 제약이 있습니다. 가장 큰 특징은 자산의 30% 이상을 예금이나 채권과 같은 안전자산으로 의무 보유해야 한다는 점입니다.

안전자산에는 예금, 채권, TDF, MMF, 채권혼합형 ETF 등이 포함됩니다. 나머지 70%는 국내 상장 ETF와 같은 위험자산에 투자할 수 있습니다. 해외 상장 ETF는 담을 수 없으며 삼성이나 애플과 같은 개별 주식에도 투자할 수 없습니다.

> **연금저축 vs IRP 비교**

구분	연금저축	IRP
합산 연간 납입 한도	1,800만 원	1,800만 원
단독 세액공제 한도	600만 원	900만 원
합산 세액공제 한도	900만 원	900만 원
세액공제율	13.2~16.5%	13.2~16.5%
과세이연	연금 수령 시까지 (55세 이후부터 수령 가능)	연금 수령 시까지 (55세 이후부터 수령 가능)
연금 수령 세율	3.3~5.5%	3.3~5.5%
투자	제한 없음	안전자산 30% 의무
중도 인출	부분 인출 가능(단, 세금 부과)	원칙적 불가

이는 단점처럼 보이지만, 은퇴를 준비하는 단계에서 자연스러운 분산투자를 유도하여 폭락장에서도 은퇴 계획이 무너지지 않도록 돕는 안전장치가 됩니다.

또 다른 제약은 중도 인출이 어렵다는 것입니다. IRP는 원칙적으로 중도 인출이 불가능합니다. 특별한 사유(질병, 천재지변, 파산 등)가 있어야 하고, 그마저도 계좌 전체 금액을 한 번에 해지해야 합니다. 부분 해지가 안 됩니다. 세금도 기타소득세 16.5%에 더해 그동안 받았던 세액공제까지 환수당합니다.

절세계좌,
어떤 순서로 채울까

ISA, 연금저축, IRP 계좌를 모두 이해했다면 이제 어떤 순서로 채워야 가장 효율적인지 알아야 합니다.

먼저 각 계좌의 기본 투자 관점을 이해해야 합니다. ISA는 3년 의무 보유 기간만 지키면 자유롭게 인출할 수 있어 중단기 투자에 적합합니다. 반면 연금저축과 IRP는 55세 이후에 연금으로 수령해야 세액공제 혜택을 온전히 누릴 수 있어 장기투자 관점으로 접근해야 합니다. 이러한 특성을 고려하면 절세 효과를 극대화하면서도 유동성을 확보하는 투자 전략을 세울 수 있습니다.

전체 한도를 정리해보겠습니다. ISA는 연간 2,000만 원까지, 연금저축과 IRP를 합치면 연간 1,800만 원까지 납입할 수 있습니다. 총

3,800만 원입니다. 연간 3,800만 원을 모두 활용할 수 있다면 가장 좋겠지만, 현실적으로 대부분의 사람들은 이보다 적은 금액을 투자할 겁니다. 그렇다면 한정된 돈을 어디에 먼저 넣어야 할까요? 절세를 고려한다면 다음과 같이 전략을 짤 수 있습니다.

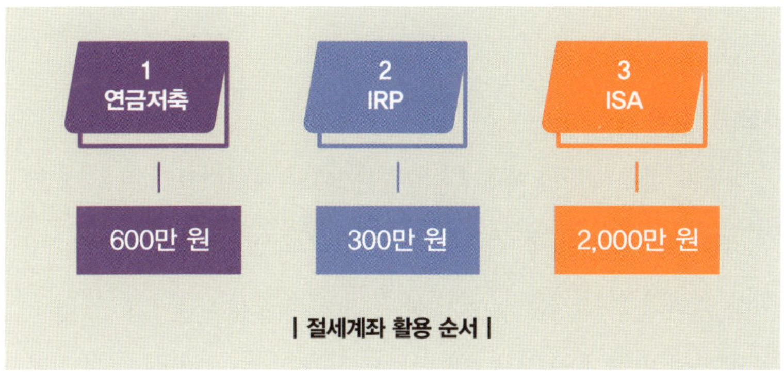

| 절세계좌 활용 순서 |

1순위 - 연금저축

가장 먼저 연금저축에 600만 원을 넣습니다. IRP보다 연금저축을 먼저 넣는 이유는 환금성 때문입니다. 돈이 필요할 때 연금저축은 일부를 해지할 수 있습니다. 하지만 IRP는 특별한 사유(질병, 천재지변 등)가 있어야 하고, 계좌 전체 금액을 한 번에 해지해야 합니다. 부분해지가 안 됩니다. 그리고 연금저축은 원하는 주식형 ETF를 100% 자유롭게 살 수 있습니다. 반면 IRP는 안전자산 30%를 의무적으로 보유해야 합니다.

2순위 - IRP

연금저축 600만 원을 채웠다면 다음은 IRP입니다. IRP에 300만 원을 넣습니다. 연금저축과 IRP를 합쳐서 총 900만 원을 납입하면 900만 원 전액에 대해 세액공제를 받을 수 있기 때문입니다. 총급여 5,500만 원 이하 기준으로 약 148만 5,000원을 환급받습니다.

3순위 - ISA

세액공제 한도 900만 원을 다 채웠다면 ISA에 2,000만 원을 넣습니다. ISA는 3년 만기 후 연금저축이나 IRP로 이전할 수 있는데, 이때 이전 금액의 10%(최대 300만 원)를 추가 세액공제 대상으로 인정해주기 때문에 만기 후 연금계좌로 이전하는 것도 고려할 수 있습니다.

여기까지 채우고도 돈이 남는다면, 연금저축에 추가로 1,200만 원을 더 넣습니다. 연금저축은 연간 1,800만 원까지 납입할 수 있으니까요.

다만, 20~30대라면 전략을 달리해야 합니다. 연금저축과 IRP는 55세 이후에 연금으로 수령해야 세액공제 혜택을 온전히 누릴 수 있습니다. 중도 해지하면 세금을 내야 하고, 특히 IRP는 전액 해지만 가능합니다.

만약 집을 살 계획이 있거나 결혼, 창업 등으로 목돈이 필요할 가능성이 크다면 연금계좌보다 ISA를 우선적으로 활용하는 것이 유리합니다. ISA는 3년만 유지하면 비과세·분리과세 혜택을 받으면서도

구분	연금저축	IRP	ISA
연간 납입 한도	연금저축+IRP 합산 1,800만 원	연금저축+IRP 합산 1,800만 원	2,000만 원
세액공제	단독 가입 시 600만 원	단독 가입 시 900만 원	없음
합산 세액공제	연금저축+IRP 합산 900만 원	연금저축+IRP 합산 900만 원	–
세액 공제율	16.5%(총급여 5,500만 원 이하)/ 13.2%(총급여 5,500만 원 초과)	16.5%(총급여 5,500만 원 이하)/ 13.2%(총급여 5,500만 원 초과)	없음
과세 방식	과세이연, 저율과세	과세이연, 저율과세	비과세·분리과세
비과세 한도	없음	없음	일반형 200만 원 / 서민형 400만 원
의무 보유기간	55세	55세	3년
투자 제한	국내 상장 ETF, 국내 상장 해외 ETF 가능 국내주식,해외주식 제한 해외 ETF 제한	안전자산 30% 국내 상장 ETF, 국내 상장 해외 ETF 가능 국내주식,해외주식 제한 해외 ETF 제한	국내 상장 ETF, 국내 상장 해외 ETF 가능 국내주식 가능 해외주식 제한 해외 ETF 제한
중도 인출	가능(세금 발생) 단, 세액공제 안 받은 자금은 세금 없이 중도 인출 가능	원칙적 불가	가능(혜택 소멸) 납입원금은 불이익 없이 중도 인출 가능

자유롭게 인출할 수 있기 때문입니다. 자신의 생애주기와 재무 목표에 맞춰 계좌 활용 순서를 조정하는 것이 중요합니다.

인적 분산투자로 절세 효과 극대화하기

저는 배우자와 자녀에게 증여하는 방식으로 인적 분산투자를 합니다. 이렇게 하면 제 명의의 ISA 계좌와 연금저축계좌는 물론, 배우자의 ISA 계좌와 연금저축계좌, 자녀의 연금저축계좌까지 활용해 절세계좌 납입 한도를 늘릴 수 있습니다.

예를 들어 올해 퇴직하여 퇴직금 1억 원을 받았다고 가정해봅시다. 제 명의로 절세계좌에 1년 한도를 모두 채우면 총 3,800만 원까지만 납입할 수 있습니다(ISA계좌 2,000만 원 + 연금저축·IRP 1,800만 원). 그러면 나머지 6,200만 원은 일반 계좌에서 ETF 배당투자를 해야 하는데, 이 경우 배당소득세 부담에서 자유롭지 못합니다.

하지만 증여를 활용하면 달라집니다. 미성년 자녀에게는 10년간 2,000만 원까지, 성인 자녀에게는 10년간 5,000만 원까지 증여할 수 있습니다. 배우자 간에는 10년간 6억 원까지 증여가 가능하고요.

이러한 증여 한도를 활용하면 퇴직금 1억 원 전액을 가족 명의의 절세계좌에 분산 투자할 수 있습니다. 결과적으로 배당소득세를 과세이연하면서 훨씬 효율적인 자산 운용이 가능해집니다.

저는 이러한 인적 분산 투자를 통해 집필을 하고 있는 2025년 현재 월 약 500만 원의 배당금을 수령하고 있습니다. 구체적으로 제 계좌에서 약 270만 원, 배우자 계좌에서 약 200만 원, 자녀 계좌에서 약 30만 원 수준의 배당금이 각각 발생하는 구조입니다.

배당금 규모가 커질수록 절세의 중요성은 더욱 커지기 마련입니다. 따라서 투자를 시작하는 단계부터 절세 방법을 충분히 고려하여 계획을 수립하는 것이 바람직합니다.

여기서 잠깐, 국내주식형 ETF는 일반 계좌로 투자할 것

국내주식형 ETF는 국내주식에 투자하는 ETF로 KODEX 200, TIGER 200 등이 있습니다.

국내주식형 ETF는 절세계좌로 투자하지 않습니다. 일반 계좌에서 투자해도 매매차익이 비과세이기 때문입니다.

KODEX 200, TIGER 200과 같은 국내주식형 ETF에 투자해서 1,000만 원의 매매차익이 발생해도 세금이 없습니다. 일반 계좌든 절세계좌든 결과는 똑같습니다.

오히려 연금저축계좌에서 국내주식형 ETF를 투자하면 손해입니다. 일반 계좌에서는 비과세인 수익에 대해 나중에 연금을 받을 때 3.3~5.5%의 세금을 내야 하기 때문입니다. 내지 않아도 될 세금을 굳이 내는 셈입니다.

그러니 국내주식형 ETF는 일반 계좌에서 투자하고, 소중한 절세계좌 한도는 국내 상장 해외 ETF나 배당 ETF처럼 세금이 붙는 상품에 활용하세요. 그게 훨씬 현명한 선택입니다.

ETF 투자 시 숨은 비용인 수수료에 대해 알아봅시다.

ETF의 총보수는 각 ETF의 투자설명서에서 확인할 수 있습니다. 운용사가 ETF 상품을 유지·운영하기 위해 투자설명서에 공시한 비용이죠.

하지만 총보수가 낮다고 해서 실제 비용이 낮다고 단정할 순 없습니다. 기타비용이 별도로 존재하기 때문입니다. 실제 투자자가 부담하는 비용은 다를 수 있습니다.

투자자가 실제로 부담하는 비용 구조는 다음과 같습니다

실거래비용 = 총보수 + 판매수수료율 + 매매·중개수수료 등

중요한 건, 이 실거래비용을 투자자가 별도로 내는 게 아니라는 점입니다. ETF의 순자산가치(NAV)에서 매일 자동으로 반영됩니다.

쉽게 말해, 여러분이 따로 돈을 내지 않아도 ETF 가격 안에서 조금씩 조정되고 있다는 뜻입니다. 그래서 더 신경 써야 합니다.

실거래비용은 금융투자협회 전자공시 서비스 홈페이지에서 확인할 수 있습니다. 홈페이지에 접속한 후 '펀드공시'를 클릭하고, '펀드보수 및 비용' 메뉴로 들어가면 됩니다.

> **금융투자협회 전자공시서비스 '펀드별 보수비용비교' 조회 화면**

여기에 더해 매매수수료도 있습니다. ETF를 사고팔 때 증권사에 내는 수수료입니다. 증권사마다 다르지만 보통 0.015%~0.5% 수준입니다.

증권사의 수수료 할인 이벤트를 활용하면 이 비용도 줄일 수 있습니다. ETF를 고르기 전, 반드시 총보수뿐 아니라 실거래비용과 매매수수료까지 확인하세요. 연 0.1%의 차이도 장기투자에서는 큰 차이를 만듭니다.

총수익률(TR, Total Return)은 ETF 운용보수가 차감된 후의 실제 수익률이므로, 이를 확인하는 것이 투자 성과를 정확히 파악하는 좋은 방법입니다.

PART
6
배당금
재투자 전략으로
복리의 마법 경험하기

거치식 vs. 적립식, 그리고 비중 적립 투자의 힘

"한 번에 다 사야 할까, 아니면 나눠서 사야 할까?"

투자를 시작할 때 누구나 한 번쯤 고민하는 질문입니다.

한 번에 목돈을 넣는 거치식 투자는 타이밍을 잘 잡으면 성과가 더 좋습니다. 2020년 3월 코로나19 폭락 때 1억 원을 투자했다면 3, 4년 만에 두세 배가 됐을 겁니다. 하지만 타이밍은 모든 투자에서 가장 예측이 어려운 부분입니다. 전문가들도 못 맞추는 영역이죠.

초보자라면 시간을 활용해야 합니다. 적립식 투자로 기회와 리스크를 시간 분산하는 것이 좋습니다. 다만, 적립식 투자를 할 경우에는 한 단계 업그레이드된 비중 적립 투자를 추천합니다.

비중 적립 투자: 한 단계 업그레이드

일반 적립 투자에 익숙해지면 비중 적립 투자를 활용할 수 있습니다. 일반 적립 투자는 매월 비슷한 날, 비슷한 금액을 투자하는 것을 말합니다. 비중 적립 투자는 평소에는 일반 적립 투자를하다가, 투자 중인 특정 시장의 지수가 고점 대비 5%, 10%, 15%, 20% 하락할 때마다 평소보다 투자 비중을 늘리는 것을 말합니다.

예를 들면 다음과 같습니다.

● 평소	매월 50만 원 투자
● 고점 대비 5% 하락	75만 원 투자
● 고점 대비 10% 하락	100만 원 투자
● 고점 대비 15% 하락	125만 원 투자
● 고점 대비 20% 하락	150만 원 투자

이런 식으로 하락 폭이 커질수록 비중을 늘리는 것이 비중 적립 투자입니다. 이 경우 일반 적립식보다 장기 성과가 좋습니다. 하락할 때 더 많이 사니까 평균 매수 단가가 낮아지고, 시장이 회복되면 수익률이 훨씬 높아집니다.

기계적 투자가 중요한 이유

사람들은 시장이 하락하면 '더 떨어질 것 같아서' 안 삽니다. 반대로 시장에 장미빛 전망이 가득할 때는 없던 돈도 가져와서 투자하고, 심지어 신용거래까지 합니다.

이론은 누구나 압니다. '우량 자산을 하락할 때 매수하고 시간에 투자하면 된다'는 것을 말이죠. 하지만 사람은 심리에 지배받습니다. 하락할 때보다 상승할 때, 수익이 났을 때 더 큰 자금을 투자하는 경향이 있습니다.

그래서 미리 기준을 정해두고 기계적으로 투자하는 것이 중요합니다. 'S&P500이 고점 대비 10% 하락하면 ○○만 원을 투자한다'와 같은 룰을 미리 정해두면, 그 순간이 왔을 때 감정에 휘둘리지 않고 실행할 수 있습니다.

비중 적립 투자는 완벽한 타이밍을 맞추려는 시도가 아닙니다. '시장이 많이 떨어졌을 때 더 많이 사자'는 상식적인 원칙을 기계적으로 실행하는 것입니다. 이것이 장기투자에서 흔들리지 않고 목표를 달성하는 비결입니다.

배당금도
또 하나의 투자금이다

앞에서 말했듯이, 배당금을 그냥 써버리면 단리가 됩니다. 반면 배당금을 재투자하면 복리가 되죠. 단리와 복리의 차이는 시간이 지날수록 커집니다. 그래서 인출 시점이 되기까지는 재투자를 추구해야 합니다.

예를 들어볼까요?

2010년 이후부터 현재까지 미국 S&P500의 수익률은 연평균 약 10% 수준입니다. 주가 1만 원, 연 배당률 10%를 제공하는 미국 S&P500 ETF에 투자했다고 가정해봅시다.

1억 원을 투자하면 총 1만 주를 보유하게 되고, 연간 배당금은 1,000만 원입니다. 이 배당금 1,000만 원으로 다시 1,000주를 더 살 수 있습니다. 그러면 다음 해에는 총보유 주식 수가 1만 1,000주로 늘어나죠.

다음 해에는 1만 1,000주에서 나온 배당금으로 다시 1,100주를 더 살 수 있습니다. 그래서 총 1만 2,100주가 됩니다.

이는 연평균 수익률 10%를 가정하여 배당 재투자 효과를 단순화한 예시입니다. 여기서 알 수 있는 것은, 배당투자에서는 타이밍보다 타임(time)을 통한 수량 모으기가 중요하다는 점입니다.

배당금 재투자 전략 한눈에 보기

배당금을 재투자하는 방법으로 '3배 전략'이 있습니다. 3배 전략은 배배 전략, 배성 전략, 성배 전략을 말합니다.

'배배 전략'은 배당금으로 배당주에 투자하는 겁니다. 현금흐름에 집중하고 싶을 때 씁니다. 60대 이후 은퇴자에게 유리합니다.

'배성 전략'은 배당금으로 성장주에 투자하는 겁니다. 장기적으로 자산을 더 크게 성장시키고 싶을 때 씁니다. 특히 증시가 크게 하락했을 때, 배당금으로 크게 하락한 성장주를 저렴하게 모을 수 있습니다. 20대~30대에게 유리합니다.

그리고 '성배 전략'이 있습니다. 성배 전략은 성장주와 배당주를 함께 투자해 균형감 있는 포트폴리오를 구성하는 전략이기도 하지만, 성장주를 매도해 배당주에 투자하는 방법이기도 합니다. 강세장

투자 전략		방법	사용 시기
3배 전략	배배 전략	배당금 ➜ 배당주에 재투자 (2weeks 전략 사용)	은퇴 시
	배성 전략	배당금 ➜ 성장주에 재투자	증시 급락 시
	성배 전략	성장주 ➜ 배당주에 재투자	증시 과열 시

에서 성장주가 크게 상승했을 때 일부를 매도하여, 그 자금으로 배당주에 투자하는 것입니다.

2weeks 전략, 한 달에 두 번 복리의 속도를 높이다

2weeks(투윅스) 전략은 월초 배당 ETF와 월중순 배당 ETF를 조합해서 한 달에 두 번 배당금을 받고, 받은 배당금으로 서로를 사주는 방법입니다.

저는 실제로 ISA 계좌에서 2weeks 전략을 활용하고 있습니다. 보유 종목으로 예를 들어보겠습니다.

TIGER 미국나스닥100타겟데일리커버드콜은 월초에 배당금을 지급합니다. KODEX 미국배당커버드콜액티브는 월중순에 배당금을 지급하죠.

월초에 배당금 100만 원을 받으면, 이 배당금으로 월중순 배당 ETF인 KODEX 미국배당커버드콜액티브를 매수합니다. 그러면 기

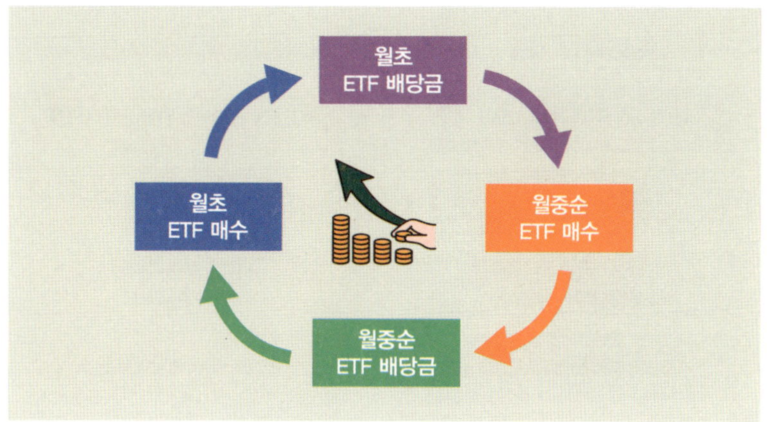

존에 보유하던 수량에 새로 산 수량이 더해져서, 중순에 받는 배당금이 늘어납니다.

중순에 받은 배당금은 다시 월초 배당 ETF를 사는 데 씁니다. 이렇게 2주마다 배당금이 들어오고, 2주마다 재투자됩니다.

제가 성격이 겹치는 종목들을 월초와 월중순으로 보유하는 결정적인 이유가 바로 여기 있습니다. 2weeks 전략을 실행하기 위해서입니다.

한 달에 한 번 배당받는 것과 2주에 한 번 배당받는 것, 무슨 차이일까요? 복리 속도가 두 배 빨라집니다.

마치 배당이라는 직원에게 2주마다 일을 시키는 것과 같습니다. 일반 직원을 뽑아 일을 시키면 월급을 줘야 하지만, 배당이라는 직원은 아무리 일을 많이 시켜도 별도의 월급이 필요 없습니다. 공짜로 계속 일하는 직원인 셈이죠.

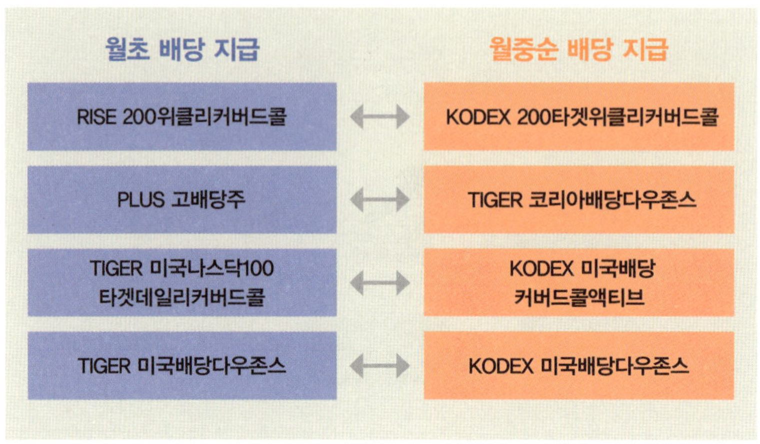

월초 배당 ETF와 월중순 배당 ETF 조합

2weeks 전략의 핵심은 월초 배당과 월중순 배당을 정확히 구분하는 겁니다. 그러려면 매입한 ETF의 배당기준일을 확인해야 합니다.

월초 배당 ETF는 보통 매월 말일이 배당기준일입니다. 그래서 익월 초에 배당금이 지급됩니다. 1월 말일이 배당기준일이면 2월 초에 배당금을 받습니다.

월중순 배당 ETF는 보통 매월 15일이 배당기준일입니다. 그래서 월 중순에 배당금이 지급됩니다.

정확한 배당기준일과 지급일은 각 운용사 홈페이지에서 확인할 수 있습니다. 운용사마다 다를 수 있으니까 꼭 확인하세요. (월배당 ETF의 배당 시기 구분은 부록을 참고해주세요).

배배 전략,
현금흐름에 집중하고 싶을 때

배당금으로 또 다른 배당주 사기

배배 전략은 배당금으로 또 배당주를 사는 전략입니다(배당주→배당주). 배당주에서 받은 배당금을 다시 배당주에 투자하는 것이죠. 현금흐름을 계속 늘려가는 방법입니다.

이 전략은 60대 이후 은퇴자에게 특히 유리합니다. 시세차익보다 현금흐름이 중요한 시기이기 때문입니다. 매달 안정적으로 들어오는 배당금이 생활비가 되고, 심리적 안정감을 주는 것이죠.

배배 전략은 단순합니다. 월배당 ETF에서 배당금을 받으면, 그 배당금으로 또 월배당 ETF를 삽니다.

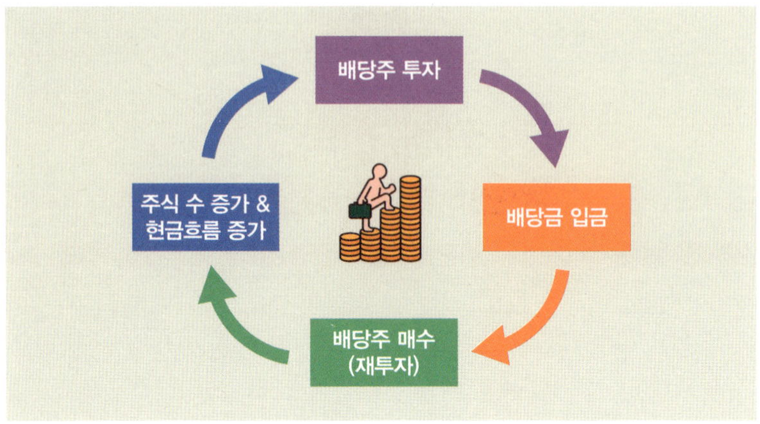

예를 들어보겠습니다. KODEX 미국배당커버드콜액티브에서 100만 원의 배당금을 받았습니다. 이 돈으로 TIGER 미국나스닥100타겟데일리커버드콜을 삽니다.

다음 달에는 어떻게 될까요? KODEX 미국배당커버드콜액티브에서 100만 원, 그리고 지난달 산 TIGER 미국나스닥100타겟데일리커버드콜에서 1만 원, 총 101만 원을 받습니다. 이 101만 원으로 또 다른 월배당 ETF를 삽니다. 그다음 달에는 배당금이 102만 원이 되고, 그다음 달에는 103만 원이 됩니다.

이렇게 계속하면 배당금이 매달 늘어납니다. 눈덩이처럼 불어나는 거죠. 물론 정확한 배당금은 매달 체크해야 합니다. 하지만 핵심은 명확합니다. 배당금이 새로운 배당금을 창출한다는 것입니다. 배당금으로 일하지 않고도 돈이 들어오고, 그 돈이 다시 일을 시작합니다. 이것이 배배 전략의 힘입니다.

배배 전략의 가장 큰 장점은 상승장이든 하락장이든 상관없이 꾸준히 현금흐름에 집중할 수 있다는 점입니다. 배당주 수량을 지속적으로 늘리면서 매달 받는 배당금도 함께 증가하니, 은퇴 준비에 가장 적합한 전략입니다.

성장주는 주가가 오르락내리락합니다. 오를 때는 좋지만 떨어질 때는 불안합니다. 하지만 배당주는 다릅니다. 주가가 떨어져도 배당금은 계속 들어옵니다.

은퇴 후에 주가 변동에 크게 신경 쓰고 싶지 않다면 이 전략이 좋습니다. 매달 통장에 찍히는 배당금만 확인하면 되니까요. 배배 전략은 바로 이런 분들을 위한 전략입니다.

언제 이 전략을 쓰면 좋을까

60대 은퇴를 앞두었거나 이미 은퇴한 경우, 현금흐름이 무엇보다 중요합니다. 월급이 끊긴 상태에서 생활비를 충당해야 하니까요.

그래서 배당금으로 지속적으로 배당주에 재투자하면서 배당주 수량을 모아갑니다. 수량이 늘어나면 배당금도 늘어나고, 배당금이 늘어나면 생활이 안정됩니다.

하락장이 와도 괜찮습니다. 이미 모아둔 배당주 수량으로 현금흐름을 유지할 수 있으니까요. 주가가 떨어져도 배당금은 계속 나옵니다. 인출 시기에도 늘어난 배당주 수량으로 충분히 대비할 수 있습니다.

배배 전략은 안정을 원하는 사람, 현금흐름이 필요한 사람, 은퇴를 준비하는 사람에게 가장 적합한 전략입니다.

배성 전략,
상승장에서 시세차익 노리기

배성 전략은 배당금으로 성장주에 투자하는 전략입니다(배당주→성장주). 배당주에서 받은 배당금을 성장주에 투자해서 시세차익을 노립니다. 이 전략은 20대~30대에게 유리합니다. 아직 젊고 시간이 많으니까 성장주 비중을 높여야 하기 때문입니다.

배당금으로 성장주에 투자하는 이유

배당주만 보유하면 원금 증식 속도가 느립니다. 배당수익률이 10%라면 원금이 2배가 되는 데 약 7년이 걸리죠.

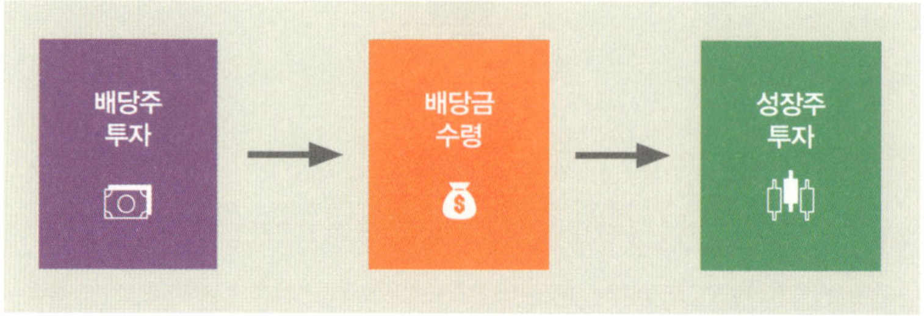

성장주는 다릅니다. 나스닥100은 최근 10년간 연평균 15% 이상 상승했습니다. 원금이 2배가 되는 데 약 5년이 걸린 겁니다.

젊을 때는 원금을 빨리 불려야 합니다. 원금이 커야 나중에 배당금도 많이 받을 수 있습니다. 그래서 배당금을 받으면 성장주에 투자하는 겁니다.

배성 전략의 장점은 배당금으로 투자한다는 심리적 여유입니다. 원금이 아니라 배당금으로 산 거니까, 주가가 떨어져도 덜 불안합니다.

예를 들어, 100만 원 배당금으로 나스닥100 ETF를 샀는데 20% 떨어져, 20만 원 손실이 났다고 해봅시다.

하지만 이건 원금이 아니라 배당금입니다. '원래 없던 돈인데 뭐'라고 생각할 수 있습니다. 심리적으로 버티기 쉽다는 것이죠. 원금 100만 원이 80만 원이 되면? 심리적으로 힘듭니다. '내가 어떻게 일해서 번 돈인데…'라는 생각이 들어요.

배당금으로 투자하면 이런 심리적 부담이 줄어듭니다.

원금이 아닌 배당금 투자의 심리적 여유

저도 예전에는 배성 전략을 많이 썼습니다. 월배당 ETF에서 받은 배당금을 나스닥100 ETF에 투자하는 방식이었죠.

어떤 달은 나스닥100이 10% 떨어지기도 했습니다. 배당금으로 산 ETF에 손실이 난 것이죠. 하지만 불안하지 않았습니다. '배당금으로 산 거니까 괜찮아'라고 생각했습니다. 원금이 아니라 배당금으로 투자했기 때문에 심리적 부담이 훨씬 적었던 것입니다.

신규 투자자금이 없더라도, 하락한 성장주 나스닥100 ETF를 낮은 가격에 꾸준히 사 모을 수 있었습니다.

몇 달 후 나스닥100이 20% 올랐습니다. 배당금으로 산 ETF가 큰 수익을 낸 것이죠. 즉, 자본소득이 새로운 소득을 만들어낸 경험을 하게 된 것입니다. 돈이 돈을 번 셈이죠.

그리고 이러한 배당금은 하락장에서 성장주를 사 모을 수 있게 해주는 튼튼한 버팀목 역할을 했습니다. 이 경험은 투자 자신감을 크게 높여주었습니다.

언제 이 전략을 쓰면 좋을까

배성 전략은 다음과 같은 상황에서 유리합니다.

첫째, 20대~30대 젊은 투자자입니다. 시간이 많으니까 성장주 비중을 높여야 합니다. 배당금을 성장주에 투자해서 원금을 빠르게 불립니다. 젊을 때는 현금흐름보다 자산 증식이 중요한 시기니까요.

둘째, 상승장이 예상될 때입니다. 경제가 좋고 기술주가 계속 오를 것 같다면 배당금을 성장주에 투자합니다. 그리고 시세차익을 노립니다. 상승 모멘텀을 타는 것이죠.

셋째, 하락장을 겪었을 때입니다. 이게 가장 중요합니다. 미국 S&P500이나 나스닥100, 코스피 등이 크게 하락한 상태에서는 오히려 배당금을 공격수 성장주에 투자하는 것이 좋습니다. 크게 하락한 성장주를 배당금으로 낮은 가격에 꾸준히 수량을 늘리는 겁니다.

예를 들어 2022년 하락장을 떠올려봅시다. 나스닥100은 30% 이상 떨어졌습니다. 그 바람에 많은 사람들이 패닉에 빠져 재빨리 매도해버렸습니다. 하지만 그때가 바로 배성 전략을 쓸 타이밍이었습니다. 매달 받는 배당금으로 크게 떨어진 나스닥100 ETF를 사 모았다면 어땠을까요? 2023년 나스닥100은 다시 50% 가까이 상승했습니다. 하락장에서 모아둔 성장주가 계좌에 큰 도움을 주었죠.

주식시장은 항상 순환합니다. 하락장이 영원히 지속되지 않습니다. 결국 상승장으로 돌아갑니다. 그때를 대비해 하락장에서 배당금으로 성장주를 모아두는 것, 그것이 배성 전략의 핵심입니다.

배성 전략은 젊고 시간이 많은 투자자에게 유리합니다. 그리고 하락장을 기회로 삼을 수 있는 최고의 전략입니다.

성배 전략,
장기투자의 최종 무기

성배 전략은 성장주에서 번 시세차익을 배당주로 전환하는 전략입니다(성장주→배당주). 장기투자의 최종 무기라고 할 수 있죠.

20대, 30대 때는 성장주 위주로 투자합니다. 10년, 20년 보유하면 원금이 2배, 3배 늘어날 수 있습니다. 이렇게 불어난 자산을 배당주로 전환하면 안정적인 현금흐름을 만들 수 있습니다.

성배 전략은 성장주를 안정적인 현금흐름으로 바꾸는 전환 전략이기 때문에, 40대, 50대에 좀 더 적합합니다.

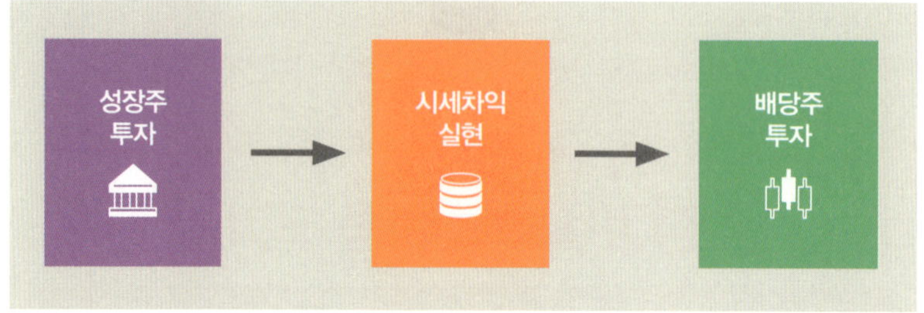

성장주 시세차익을 배당주로 전환하기

언제 성장주를 팔아서 배당주로 전환하는 게 좋을까요?

첫째, 목표 수익률을 달성했을 때입니다. 예를 들어, 100% 수익이 목표였는데 이를 달성했다면 일부 매도합니다. 전부 팔 필요는 없습니다. 수익분의 일부만 팔아서 배당주로 전환합니다.

둘째, 생애주기상 배당주 비중을 늘려야 할 때입니다. 40대가 되면 은퇴 준비를 시작해야 합니다. 성장주 비중을 줄이고 배당주 비중을 늘립니다. 성장주 일부를 팔아서 배당주로 전환합니다.

고평가 시점에 일부 매도, 배당주로 안정화

성배 전략의 장점은 시장 상황에 유연하게 대응할 수 있다는 것입니다. 일부 리밸런싱이 되었지만, 증시가 계속 상승한다면 어떻게 될까요? 보유한 성장주와 배당주가 동시에 상승합니다. 둘 다 수익이 나는 거죠.

반대로 증시가 하락한다면? 배당주 비중을 늘려뒀기 때문에 매월 배당금이 꾸준히 들어옵니다. 이 배당금으로 하락한 성장주를 낮은 가격에 다시 모을 수 있습니다. 상승장에서도 좋고, 하락장에서도 충분히 대응 가능한 전략입니다.

나는 왜 성배 전략을 선택했는가

저는 성배 전략을 장기투자의 최종 무기라고 생각합니다. 이유는 세 가지입니다.

첫째, 원금 손실 없이 현금흐름을 만들 수 있습니다. 성장주에서 번 시세차익으로 배당주를 사는 거니까, 내가 일해서 번 원금은 손실이 없습니다. 심리적으로 편합니다.

둘째, 성장과 안정을 동시에 얻을 수 있습니다. 성장주는 계속 보유하니까 시세차익을 노릴 수 있습니다. 배당주를 추가했으니까 현금흐름도 생깁니다. 둘 다 얻는 겁니다.

셋째, 생애주기에 맞게 포트폴리오를 자연스럽게 전환할 수 있습니다. 20대, 30대 때는 성장주 위주로 원금을 불립니다. 40대 50대가 되면 성배 전략으로 배당주 비중을 늘립니다. 60대가 되면 대부분 배당주로 전환됩니다. 생애주기에 맞는 자연스러운 전환인 것이죠.

계좌 전략,
수익 난 종목 평단가 지키기

투자를 하다 보면 이런 고민이 생길 때가 있습니다. 수익이 난 종목을 추가 매수하면 평균 매수 단가가 올라가고 계좌 수익률이 줄어드는데 기분이 묘한 것이죠. 분명 좋은 자산을 더 사는 건데, 수익률 숫자가 떨어지는 걸 보면 뭔가 손해 본 것 같은 느낌이 듭니다.

예를 들어볼까요? KODEX 미국S&P500을 1만 원에 1,000만 원어치 샀습니다. 지금 주가가 1만 1,000원이 되어서 평가금액이 1,100만 원입니다. 수익률이 +10%입니다. 기분이 좋습니다.

그런데 적금이 만기되어서 1,000만 원이 생겼고, 추가 매수하고 싶습니다. 하지만 현재 주가는 1만 1,000원입니다. 이 가격에 사면 평균 매수 단가가 1만 원에서 약 1만 500원으로 올라갑니다. 수익

률은 10%에서 약 5%로 줄어들어요. '수익률이 줄어드는데 괜히 샀
나?' 하는 생각이 들고, 심리적으로 불편합니다.

수익 계좌와 신규 투자 계좌 분리

이럴 때 계좌 전략을 쓰면 됩니다. 계좌 전략은 간단합니다. 계좌를
하나 더 만드는 겁니다.

ISA 계좌는 1인 1계좌만 가능하지만, 일반 계좌, 연금저축계좌, 해
외주식계좌는 복수 개설이 가능합니다. 1인당 여러 개의 계좌를 만
들 수 있습니다.

앞의 예시로 돌아가봅시다. 기존 계좌(계좌1)에는 나스닥100 ETF
를 1만 원에 1,000만 원어치 보유하고 있습니다. 수익률 +10%입니다.

새로 계좌를 만듭니다(계좌2). 계좌2에서 나스닥100 ETF를 1만
1,000원에 1,000만 원어치 삽니다.

이제 계좌1은 여전히 수익률 +10%입니다. 계좌2는 수익률 0%입
니다. 계좌1의 수익률이 줄어들지 않았습니다.

결과적으로는 똑같습니다. 총 투자금 2,000만 원, 평균 매수 단가
1만 500원, 수익률 약 5%입니다. 하지만 계좌를 나눴기 때문에 심
리적으로 훨씬 편합니다.

계좌 전략의 핵심은 수익 계좌와 신규 투자 계좌를 분리하는 겁

니다.

수익 계좌(계좌1)는 평균 매수 단가가 낮고 수익률이 높은 계좌입니다. 이 계좌는 가급적 건드리지 않습니다. 추가 매수를 적게 하거나, 보유만 합니다. 수익률을 지킵니다.

신규 투자 계좌(계좌2)는 새로 생긴 돈으로 투자하는 계좌입니다. 적금 만기, 보너스, 월급 등으로 생긴 돈을 여기에 넣습니다. 현재 주가로 매수합니다.

하락장 대응력 높이기

계좌 분산 전략은 하락장에서 특히 유리합니다. 예를 들어, 계좌1에 미국나스닥100 ETF 1,000만 원(평단 1만 원), 계좌2에 미국나스닥100 ETF 1,000만 원(평단 1만 1,000원)을 보유하고 있다고 가정해봅시다. 주가가 8,000원으로 하락했고, 1,000만 원으로 물타기를 하려 합니다.

만약 계좌가 하나였다면 어떨까요? 총 2,000만 원에서 1,000만 원을 추가 투자하는 것이므로 큰 결단이 필요합니다.

하지만 계좌가 둘로 나뉘어 있다면? 1,000만 원 규모의 계좌2에 1,000만 원을 추가하는 것이므로, 심리적으로 훨씬 편합니다.

저는 계좌2에만 1,000만 원을 추가 매수합니다. 그러면 계좌2의 평균 매수 단가가 약 9,300원으로 낮아집니다.

주가가 1만 원으로 회복되면 계좌1은 수익률 0%, 계좌2는 수익률이 약 7.9%가 됩니다.

주가가 1만 1,000원으로 회복되면 계좌1은 10%, 계좌2는 18.7%의 수익률을 기록합니다. 두 계좌 모두 수익 구간에 진입하는 것이죠.

이처럼 계좌를 나누면 하락장에서 물타기 대응력이 높아집니다. 물론 최종 손익 결과는 계좌를 합치든 나누든 동일할 수 있습니다. 하지만 투자 과정에서의 심리적 부담을 줄이고, 보다 유연한 대응이 가능하다는 점에서 장점이 있습니다.

계단형 전략, 같은 지수 다른 상품으로 분산하기

계단형 전략은 계좌 전략과 비슷하지만, 1개의 계좌에서 다른 ETF를 사는 전략입니다. 예를 들어, KODEX 200을 1,000만 원어치 샀는데 수익률이 +20%라고 해봅시다. 1,000만 원을 추가 투자하고 싶은데, 평균 매수 단가를 높이기 싫습니다. 이럴 때 KODEX 200 대신 TIGER 200을 삽니다. 같은 코스피 200 지수를 추종하지만 다른 상품이죠.

KODEX 200은 수익률 +20%를 유지합니다. TIGER 200은 수익률 0%부터 시작합니다. 두 개를 따로 관리합니다.

이처럼 계단형 전략의 핵심은 같은 지수를 추종하는 다른 ETF를 사는 겁니다. 코스피200 지수를 추종하는 ETF는 여러 개입니다.

    평생 월 500만 원 받는 월배당 ETF

KODEX 200, TIGER 200, RISE 200, PLUS 200 등이 있습니다. 모두 같은 지수를 추종하니까 수익률도 비슷합니다.

S&P500 지수를 추종하는 ETF도 여러 개입니다. KODEX 미국 S&P500, TIGER 미국 S&P500, 1Q 미국S&P500 등이 있습니다.

이렇게 같은 지수를 추종하는 다른 ETF를 조합하면 계단형 전략을 쓸 수 있습니다.

리스크 분산과 심리적 안정

계단형 전략의 장점은 두 가지입니다.

첫째, 리스크가 분산됩니다. 하나의 ETF에 문제가 생겨도 다른 ETF는 괜찮을 수 있습니다. 예를 들어 특정 운용사 ETF에 문제가 생기거나, 운용보수가 갑자기 오르거나 등의 경우를 상상해보세요. 대표 종목들은 그럴 가능성이 낮지만, 여러 ETF로 분산하면 리스크도 분산됩니다.

예를 들어 A ETF는 20% 수익입니다. B ETF는 방금 샀으니 0%부터 시작하죠. 두 개를 따로 보면 기분이 좋습니다. 'A는 20% 수익이구나, B는 이제 시작이니까 앞으로 더 오르겠지' 하고 생각하게 됩니다.

만약 A ETF만 추가 매수했다면 어떻게 될까요? 수익률이 +20%에서 +10%로 줄어듭니다. '왜 샀지?' 하는 후회가 들 수 있습니다.

물론 한 종목만 선택해도 상관없습니다. 다만 투자할 때 계좌에 표시되는 수익률 때문에 심리적으로 흔들린다면, 계단형 전략을 사용하면 됩니다.

"주가는 우리가 통제할 수 없는 영역이지만,
매달 들어오는 배당으로 주식 수를 늘리는 것은
우리의 결정입니다."

가격이 내릴 때는 더 많이 담을 수 있어 즐겁고,
가격이 오를 때는 자산이 불어나서 기쁜 투자.
이제 그 흔들림 없는 확신을 가지고,
여러분만의 배당 현금흐름을 완성해나가시길 바랍니다.

PART
7
인생주기별
배당 포트폴리오
설계법

20~30대 공격형, 시간이 가장 큰 무기다

20대와 30대의 가장 큰 자산은 돈이 아니라 시간입니다. 복리가 작동할 수 있는 시간이 가장 길기 때문입니다. 같은 금액이라도 언제 투자하느냐에 따라 결과는 완전히 달라집니다.

예를 들어 지금 1,000만 원을 투자한다고 가정해봅시다. 연평균 수익률을 10%로 잡고, 꾸준히 유지된다는 전제입니다. 이 돈을 40년 동안 굴리면 약 4억 5,260만 원이 됩니다. 원금의 약 45배입니다. 특별한 요령이 있어서가 아니라, 시간이 복리를 끝까지 작동하게 만들었기 때문입니다.

반대로 40대에 1,000만 원을 투자하면 어떨까요? 같은 수익률을 가정해도 투자 기간은 20년 정도로 줄어듭니다. 결과는 약 6,730만 원으로 원금의 6.7배에 그칩니다. 수익률은 같지만, 시간의 차이만으로 결과는 완전히 달라집니다.

이 차이는 능력의 차이가 아닙니다. 복리를 쓸 수 있는 시간의 차이입니다.

그래서 20대와 30대는 전략이 달라야 합니다. 이 시기의 목적은 안정적인 현금흐름이 아니라 자산의 크기를 키우는 것입니다. 변동성이 있더라도 성장주 중심으로 가야 하는 이유입니다. 중간의 흔들림은 시간이 흡수해주지만, 초반에 놓친 시간은 다시 되돌릴 수 없기 때문입니다.

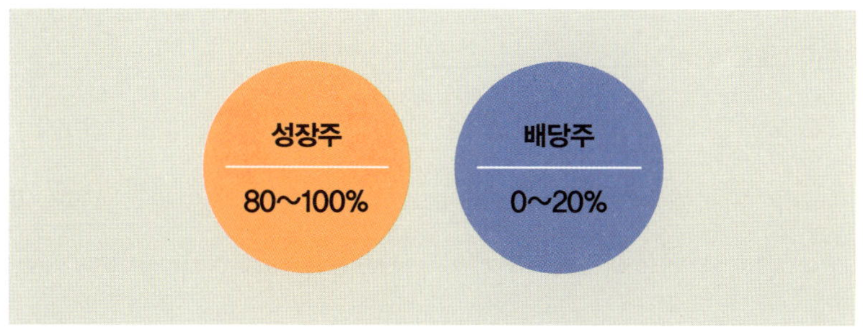

20대 초반이라면 성장주 100%로 시작해도 됩니다. 배당금이 없어도 괜찮습니다. 주가 상승만으로도 충분합니다. 매달 월급에서 30만~50만 원씩 꾸준히 적립하면서 복리로 불립니다.

20대 후반이나 30대라면 성장주 80~90%, 배당주 10~20%로 시작합니다. 배당금을 받아보면서 투자의 재미를 느껴보는 것도 좋습니다. 매달 또는 매 분기 들어오는 배당금이 심리적 안정감을 줍니다.

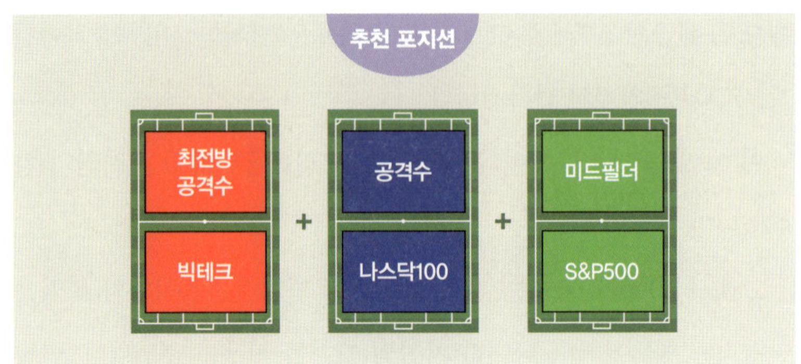

20대~30대 공격형 포트폴리오의 핵심은 미국 성장주입니다. 미국 시장은 전 세계에서 가장 큰 시장이고, 글로벌 1위 기업들이 많이 상장되어 있습니다. 애플, 마이크로소프트, 엔비디아, 구글, 아마존, 메타 같은 기업들입니다.

최전방 공격수는 빅테크 ETF입니다. KODEX 미국AI테크TOP10, TIGER 미국필라델피아반도체나스닥 같은 상품들입니다. AI와 빅테크, 반도체 기업에 집중 투자하는 상품들입니다. 변동성이 크지만, 상승장에서 폭발적인 수익을 냅니다.

공격수는 나스닥100 ETF입니다. TIGER 미국나스닥100, KODEX 미국나스닥100 같은 상품들입니다. 미국 나스닥 시장에 상장된 상위 100개 기술주에 투자합니다.

미드필더는 S&P500 ETF입니다. KODEX 미국S&P500, TIGER 미국S&P500 같은 상품들입니다. 미국 대형주 500개에 투자합니다. 나스닥100보다 변동성이 낮고 안정적입니다.

이 세 가지를 조합하면 공격형 포트폴리오가 완성됩니다.

평생 월 500만 원 받는 월배당 ETF

여기에 국내 코스피 시장에 투자할 경우 KODEX 200, TIGER 200이 있습니다.

월배당 ETF로 심리적 안정감 더하기

성장주만 100% 보유하면 심리적으로 힘들 수 있습니다. 주가가 떨어지면 불안합니다. 언제 오를지 모릅니다. 이럴 때 월배당 ETF를 일부 추가하면 심리적으로 편안해집니다.

월배당 ETF는 매달 배당금을 줍니다. 주가가 떨어져도 매달 배당금이 들어오면 '그래도 배당금은 받네'라고 생각하게 되고, 심리적으로 버틸 수 있습니다. 그러면 장기로 투자할 수 있습니다

20대, 30대라면 월배당 ETF 비중을 10~20%로 유지하면 됩니다. 너무 많이 담으면 성장성이 떨어집니다. 적당히 담아서 심리적 안정감만 확보하면 됩니다.

실전 포트폴리오

〈투자 비중〉

- 성장주 빅테크 반도체   20%
- 성장주 나스닥100   40%

- 성장주 S&P500   20%

- 배당주 월배당   10%

- 커버드콜 월배당   10%

〈종목 구성 예시〉

종목	비중
KODEX 미국AI테크TOP10	10%
TIGER 미국필라델피아반도체나스닥	10%
TIGER 미국나스닥100	20%
KODEX 미국나스닥100	20%
KODEX 미국S&P500	10%
TIGER 미국S&P500	10%
TIGER 미국배당다우존스 (월초 배당)	5%
KODEX 미국배당다우존스 (월중순 배당)	5%
KODEX 미국AI테크TOP10타겟커버드콜 (월초 배당)	5%
TIGER 미국테크TOP10타겟커버드콜 (월중순 배당)	5%

* 상기 종목은 예시이며, 실제로는 자신의 성향에 맞는 종목을 편입합니다.

이 포트폴리오는 성장주 80%, 배당주 20%로 구성되어 있습니다. 20대 초반이라면 배당주 비중을 줄이고 성장주 비중을 90%까지 높여도 됩니다.

다만, 투자 경험이 없는 경우라면 성장주의 변동성을 감당하기 힘들 수 있습니다. 그렇다면 성장주 내에서도 최전방 공격수 역할의 종목 대신 미드필더 성격의 종목 위주로 구성하는 것이 좋습니다.

그리고 투자에서 가장 중요한 건 복리입니다. 복리의 핵심은 시간입니다. 10년과 20년의 차이는 2배가 아닙니다. 몇 배, 몇 십 배 차이입니다.

예를 들어볼까요? 매달 50만 원씩 적립하고, 연평균 10% 수익률을 낸다고 가정합니다.

- 10년 후   약 1억 200만 원
- 20년 후   약 3억 8,000만 원
- 30년 후   약 11억 3,000만 원
- 40년 후   약 31억 6,000만 원

10년과 40년의 차이가 30배입니다. 같은 금액을 적립해도, 시간이 다르면 결과가 이렇게 다릅니다. 그래서 젊을 때는 원금을 최대한 불려야 합니다. 배당금 받으면서 천천히 가면 안 됩니다. 성장주에 공격적으로 투자해서 원금을 빠르게 불려야 합니다.

원금이 1억 원일 때와 10억 원일 때를 비교해봅시다. 배당수익률 10%라고 가정하면, 1억 원은 연간 배당금이 1,000만 원입니다. 월 83만 원입니다. 10억 원은 연간 배당금이 1억 원입니다. 월 833만 원입니다.

원금이 10배 차이 나면 배당금도 10배 차이 납니다. 그래서 젊을 때는 배당금보다 원금 증식에 집중해야 합니다.

40대 이후에 배당주 비중을 늘려도 늦지 않습니다. 20대와 30대

때 성장주로 원금을 1억~5억 원까지 불려놓으면, 40대부터는 배당주로 전환해 충분한 배당금을 받으며 여유롭게 살 수 있습니다.

40~50대 균형형, 성장과 안정의 조화

40대가 되면 투자 전략이 달라져야 합니다. 20대와 30대처럼 100% 공격적인 포트폴리오를 유지하기 어렵습니다. 은퇴라는 시점이 점점 가까워지기 때문입니다. 큰 하락이 왔을 때 회복을 기다릴 시간이 줄어듭니다.

그렇다고 100% 수비로 돌아설 시점도 아닙니다. 아직 투자할 시간은 남아 있고, 자산을 더 키울 여지도 충분합니다. 이 시기에 지나치게 보수적으로 움직이면, 남은 시간 동안 자산이 성장할 기회를 스스로 포기하게 됩니다.

그래서 40대와 50대의 핵심은 균형입니다.

성장주를 통해 자산의 크기를 계속 키우되, 배당주를 함께 가져가면서 현금흐름을 만들기 시작해야 합니다. 주가 상승에만 의존하지 않고, 시장이 흔들릴 때도 버틸 수 있는 구조로 바꿔 가는 과정입니다.

이 시기의 투자는 수익률을 극대화하는 게임이 아니라, 변동성을 관리하면서 성장의 끈을 놓지 않는 전략입니다.

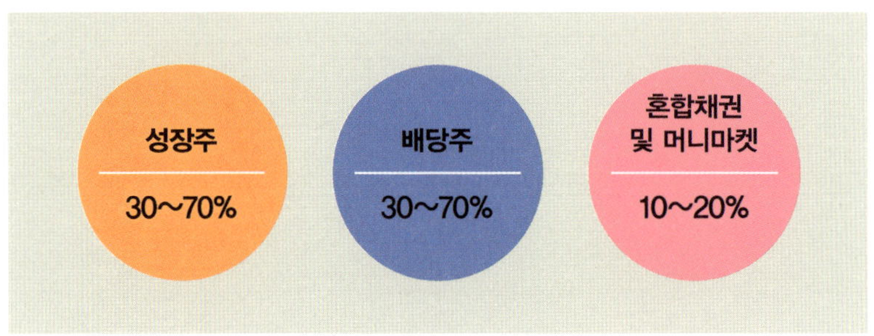

40대 초반이라면 성장주 50~70%, 배당주 30~50%로 시작합니다. 아직 젊으니까 성장주 비중을 높게 유지합니다. 하지만 배당주도 40% 이상 담아서 현금흐름을 확보합니다.

40대 후반이나 50대라면 성장주 30~50%, 배당주 50~70%로 조정합니다. 은퇴가 10년 안에 다가옵니다. 현금흐름이 더 중요해집니다. 배당주 비중을 늘려서 매달 또는 매 분기 들어오는 배당금을 늘립니다.

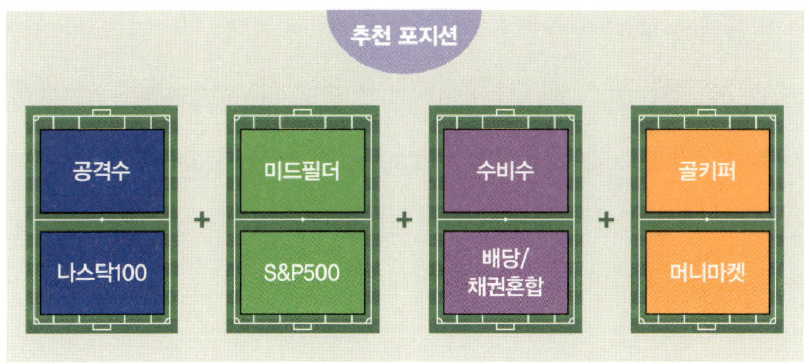

은퇴 준비의 시작, 현금흐름에 집중하기

40대부터는 은퇴를 준비해야 합니다. 은퇴 준비의 핵심은 월급 없이도 생활할 수 있는 현금흐름을 만드는 겁니다.

현재 생활비가 월 300만 원이라면, 배당금으로 월 300만 원을 만들어야 합니다. 배당수익률 10%인 ETF 기준으로 3억 6,000만 원이 필요합니다. 지금부터 10년, 20년 동안 이 목표를 달성해야 합니다.

40대는 이 목표를 향해 구체적으로 움직이는 시기입니다. 성장주로 원금을 계속 불리면서도, 배당주로 조금씩 현금흐름을 만들어갑니다.

채권혼합 ETF로 변동성 줄이기

40대, 50대는 변동성도 줄여야 합니다.

변동성을 줄이는 방법은 채권혼합 ETF를 일부 담는 겁니다. 1Q 미국나스닥100미국채혼합50액티브와 같은 상품들입니다.

채권혼합 ETF는 대개 주식 50%, 채권 50% 정도로 구성되어 있습니다. 주식이 떨어지면 채권이 버텨줍니다. 변동성이 주식 ETF보다 훨씬 낮습니다.

머니마켓으로 안정성 확보하기

국채, 단기채권 등 단기 금융시장에 투자하는 상품으로, 안정적인 수익을 추구합니다.

실전 포트폴리오

〈투자 비중〉

- 성장주 나스닥100   20%
- 성장주 S&P500   20%
- 미국배당   20%
- 커버드콜 월배당   20%
- 채권혼합   10%
- 머니마켓   10%

〈종목 구성 예시〉

- TIGER 미국나스닥100   20%

- KODEX 미국S&P500 　　　　　　　　　　　　　　　20%

- TIGER 미국배당다우존스 (월초 배당) 　　　　　　10%

- KODEX 미국배당다우존스 (월중 배당) 　　　　　10%

- TIGER 미국나스닥100타겟데일리커버드콜 (월초 배당) 　10%

- KODEX 미국배당커버드콜액티브 (월중 배당) 　10%

- 1Q 미국나스닥100미국채혼합액티브 　　　　　10%

- KODEX 머니마켓액티브 　　　　　　　　　　　　10%

* 상기 종목은 예시이며, 실제로는 자신의 성향에 맞는 종목을 편입합니다.

이 포트폴리오는 성장주 40%, 배당주 40%, 채권혼합 10%, 머니마켓 10%로 구성되어 있습니다. 성장주로 자산을 증가시키고, 배당주로 현금흐름을 확보하면서, 채권혼합으로 변동성을 줄입니다.

60대 이후 안정형,
현금흐름이 생명이다

60대가 되면 투자 전략은 완전히 달라집니다. 이 시점부터는 자산을 더 키우는 것이 목표가 아닙니다. 그동안 불려온 자산을 안정적인 현금흐름으로 전환하는 것이 핵심 목적입니다. 월급이 없어도 생활이 가능하도록 구조를 만드는 단계입니다.

60대는 이미 은퇴했거나 은퇴를 눈앞에 둔 시기입니다. 근로소득은 더 이상 기대하기 어렵습니다. 생활비의 대부분을 배당금과 연금에서 충당해야 합니다. 그래서 이 시기 투자에서 가장 중요한 요소는 수익률이 아니라 지속성입니다.

주가가 얼마나 오르느냐보다, 매달 얼마가 들어오느냐가 더 중요해집니다. 시장이 흔들려도 현금흐름이 끊기지 않아야 하고, 큰 손

평생 월 500만 원 받는 월배당 ETF

실 없이 자산을 오래 유지할 수 있어야 합니다.

60대의 투자는 성장보다 생존과 유지를 위한 전략입니다.

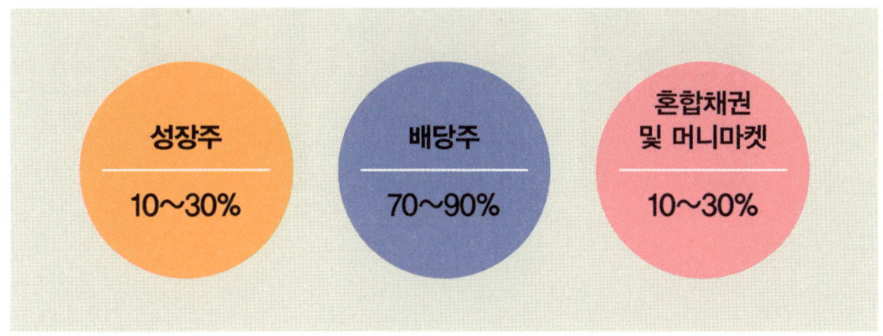

60대 초반이라면 성장주 20~30%, 배당주 70~80%로 시작합니다. 아직 건강하고 활동적이니까 성장주를 일부 유지합니다. 인플레이션을 헤지하고 자산 감소 속도를 늦추기 위해서입니다.

60대 후반이나 70대라면 성장주 10~20%, 배당주 80~90%로 조정합니다. 변동성을 최대한 줄이고 안정적인 현금흐름에 집중합니다.

중요한 건 배당주 비중이 70% 이상이어야 한다는 겁니다. 매달 또는 매 분기 들어오는 배당금으로 생활비를 충당해야 하기 때문입니다.

저는 아직 60대가 아니지만, 60대를 대비한 포트폴리오를 미리 연구하고 있습니다. 주변의 60대 투자자들을 보면서 배웁니다. 60대 분들이 가장 강조하는 게 당장의 현금흐름입니다.

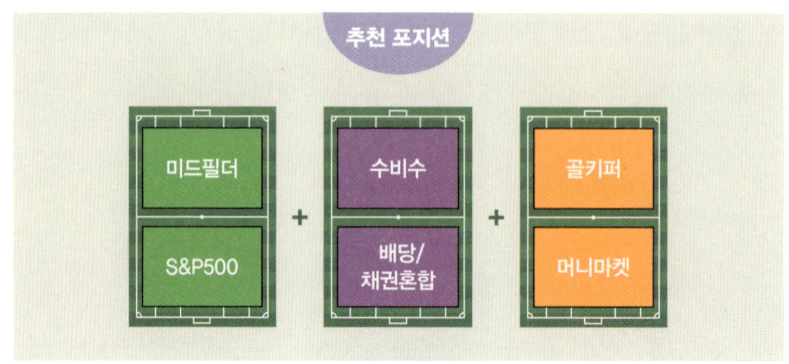

월배당 ETF 중심 구성으로 생활비 확보

60대 포트폴리오의 핵심은 월배당 ETF입니다. 분기배당이나 반기배당이 아니라 월배당이어야 합니다. 왜냐하면 생활비는 매달 나가기 때문입니다.

집세, 관리비, 식비, 통신비, 교통비 등은 매달 나갑니다. 3개월에 한 번 배당금을 받으면 어떻게 될까요? 1월에 300만 원을 받으면 2월과 3월은 배당금이 없습니다. 생활하기 불편합니다.

월배당 ETF로 포트폴리오를 구성하면 매달 배당금이 들어옵니다. 월급처럼 매달 받으니까 생활비 관리가 편합니다.

2weeks 전략을 활용하면 더 좋습니다. 월초 배당 ETF와 월중순 배당 ETF를 조합하면 한 달에 두 번 배당금을 받습니다. 월초에 150만 원, 월중순에 150만 원 이렇게 받으면 현금흐름이 더 안정적입니다.

60대는 안전판도 필요합니다. 급한 병원비, 관혼상제, 예상치 못한 지출에 대비해야 합니다. 이럴 때 ETF를 팔면 손해를 볼 수 있습니다. 주가가 낮을 때 팔게 될 수도 있습니다.

그래서 안전자산을 일부 보유해야 합니다. 머니마켓 ETF와 채권혼합 ETF가 대표적입니다.

머니마켓 ETF는 KODEX 머니마켓액티브 같은 상품입니다. 예금 수준으로 안전합니다. 변동성이 거의 없고, 연 3% 수준의 수익률을 냅니다. 급할 때 언제든 팔 수 있습니다.

채권혼합 ETF는 1Q 미국S&P500미국채혼합50액티브 같은 상품입니다. S&P500 50%, 단기채권 50%로 구성되어 있어 변동성이 낮습니다.

60대 포트폴리오에서 안전자산 비중은 10~20% 정도 권장합니다. 너무 많으면 수익률이 낮아지고, 너무 적으면 급할 때 대응하기 어렵습니다.

실전 포트폴리오

〈투자 비중〉

- 성장주 S&P500 ... 20%

- 커버드콜 월배당   50%

- 채권혼합   10%

- 머니마켓   20%

〈종목 구성 예시〉

- KODEX 미국S&P500   10%

- TIGER 미국S&P500   10%

- TIGER 미국성장커버드콜액티브 (월초 배당)   10%

- TIGER 미국S&P500타겟데일리커버드콜 (월초 배당)   10%

- RISE 미국S&P500데일리고정커버드콜 (월초 배당)   10%

- KODEX 미국배당커버드콜액티브 (월중 배당)   20%

- 1Q 미국S&P500미국채혼합50액티브   10%

- KODEX 머니마켓액티브   10%

- TIGER 머니마겟액티브   10%

* 상기 종목은 예시이며, 실제로는 자신의 성향에 맞는 종목을 편입합니다.

　　　　　　　　　평생 월 500만 원 받는 월배당 ETF

미성년 자녀를 위한 포트폴리오, 시간의 복리를 선물하자

부모가 자녀에게 줄 수 있는 가장 큰 선물은 무엇일까요? 비싼 장난감도, 최신 스마트폰도 아닙니다. 바로 시간의 복리입니다.

10세 아이가 60세까지 투자할 수 있는 시간은 50년입니다. 50세가 60세까지 투자할 수 있는 시간은 10년입니다. 5배 차이입니다. 하지만 복리로 계산하면 5배가 아니라 수십 배 차이가 납니다.

예를 들어볼까요? 매달 10만 원씩 적립하고, 연평균 10% 수익률을 낸다고 가정합니다.

- 10년 투자(50세→60세): 약 2,000만 원
- 50년 투자(10세→60세): 약 16억 6,000만 원

10년과 50년의 차이가 83배입니다. 같은 금액을 적립해도, 시간이 다르면 결과가 이렇게 다릅니다. 그래서 어릴 때부터 투자를 시작해야 합니다. 세뱃돈 1만 원부터 시작할 수 있습니다.

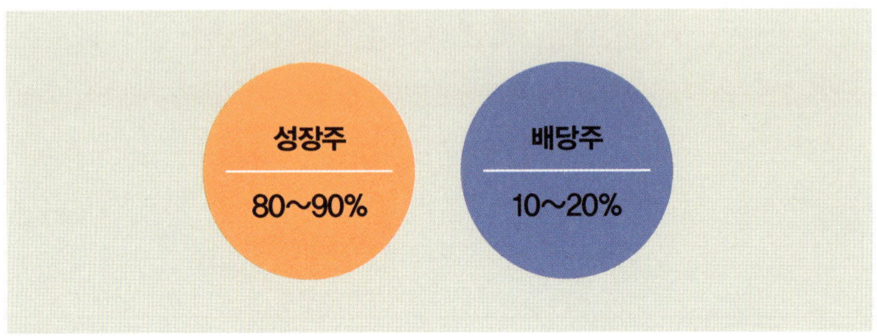

미성년 자녀는 소득이 없습니다. 하지만 투자할 수 있는 시간이 많습니다. 40년, 50년 투자할 수 있습니다. 그래서 성장주 중심으로 투자해야 합니다.

성장주 80~90%, 배당주 10~20%를 권장합니다. 성장주로 원금을 빠르게 불리고, 배당주는 일부만 담아서 투자 교육용으로 씁니다.

"아이한테 배당주가 왜 필요한가요? 성장주만 사면 되지 않나요?"라고 물어보실 수 있습니다. 맞습니다. 장기적 수익률만 따지면 성장주 100%가 유리하죠. 하지만 투자 교육을 위해서는 배당주를 일부 담는 게 좋습니다.

아이가 배당금을 받으면 투자에 흥미를 느낍니다. '내가 일하지 않아도 돈이 들어온다'는 걸 체험해보는 거죠. 이게 자본주의 교육입니다.

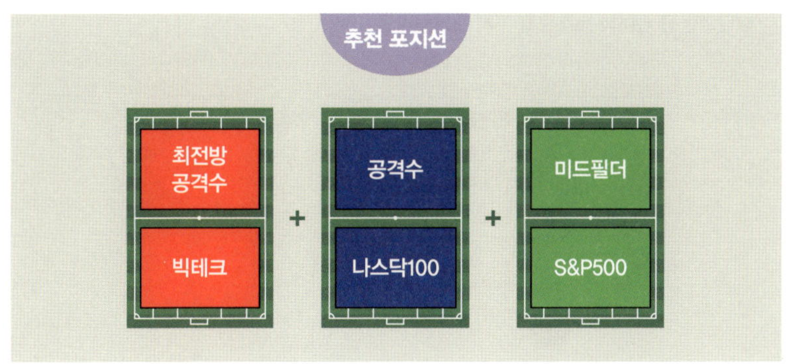

세뱃돈 1만 원부터 시작하는 투자 교육

아이에게 투자를 가르치려면 세뱃돈부터 시작하세요. 설날에 받은 세뱃돈 10만 원 중 5만 원은 아이가 쓰게 하고, 5만 원은 투자 계좌에 넣으세요. ETF는 주당 1만, 2만 원이면 살 수 있습니다. 5만 원이면 두세 개 종목을 살 수 있습니다.

아이와 함께 증권사 앱을 열어보세요. "어떤 ETF를 살까?"라고 묻고 "이 ETF는 미국 나스닥 회사들에 투자하는 거야. 애플, 마이크로소프트 같은 회사들이 포함되어 있어"라고 설명해줄 수 있습니다.

그리고 3개월 후, 6개월 후 함께 계좌를 확인하세요. 수익이 났으면 "네가 산 주식이 올랐어. 1만 원이 늘었네"라고 알려주고, 손실이 났으면 "왜 떨어졌을까?"라고 같이 이야기를 나눠보세요.

배당금이 들어와도 마찬가지입니다. "이게 배당금이야. 네가 투자한 회사가 번 돈을 나눠준 거야"라고 알려줄 수 있습니다.

위 그림은 제 딸의 토스증권 계좌입니다. 용돈을 받을 때마다 조금씩 사 모으고 있죠.

이렇게 1년, 2년, 3년 하다 보면 아이가 투자를 배웁니다. 돈이 돈을 벌어온다는 걸 깨닫습니다. 복리가 뭔지 체험합니다.

증여세 면제 활용법

부모가 자녀에게 돈을 주면 증여세가 나옵니다. 하지만 일정 금액까지는 면제되죠.

미성년 자녀(만 19세 미만)는 10년간 2,000만 원까지 증여세가 면제됩니다. 성년 자녀(만 19세 이상)는 10년간 5,000만 원까지 증여세가 면제됩니다.

예를 들어, 자녀가 10세라면 지금부터 10년간 2,000만 원까지 줄 수 있습니다. 한 번에 2,000만 원을 줘도 되고, 매년 200만 원씩 10년간 줘도 됩니다.

똑똑한 부모는 이 한도를 최대한 활용합니다. 자녀가 어릴 때 증여해서 투자 계좌를 만들어줍니다. 어릴수록 좋습니다. 시간의 복리를 최대한 활용할 수 있기 때문입니다.

10세 자녀에게 2,000만 원을 증여해서 투자 계좌를 만들어줬다고 가정해봅시다. 연평균 10% 수익률로 50년간 투자하면 얼마가 될까요? 약 23억 5,000만 원입니다. 2,000만 원이 23억 원이 됩니다. 117배입니다. 이게 시간의 복리입니다.

부모가 같은 2,000만 원을 50세에 투자해서 60세까지 10년간 불리면? 약 5,200만 원이 됩니다. 2.6배입니다.

10세 투자와 50세 투자의 차이가 45배입니다. 같은 돈을 투자해도, 시작 시점이 다르면 결과가 이렇게 다릅니다.

증여할 때 주의할 점이 있습니다. 증여 사실을 세무서에 신고해야 합니다. 신고하지 않으면 나중에 문제가 될 수 있습니다.

증권사에 자녀 명의로 계좌를 만들고, 부모 계좌에서 자녀 계좌로 돈을 이체합니다. 그다음 관할 세무서에 증여세 신고를 합니다. 국세청 홈페이지 홈텍스에서도 가능합니다.

2,000만 원 이하라면 증여세는 0원이지만, 신고는 해야 합니다.

연금저축의 과세이연 효과

미성년 자녀도 연금저축계좌를 개설할 수 있습니다. 소득이 없어서 세액공제는 안 되지만, 과세이연 효과를 누릴 수 있습니다.

일반계좌에서 배당금을 받으면 배당소득세 15.4%를 냅니다. 하지만 연금저축계좌에서는 배당소득세가 과세이연됩니다. 55세 이후 연금으로 받을 때까지 세금을 안 냅니다.

예를 들어, 배당금 100만 원을 받으면 일반계좌는 15.4만 원을 세금으로 내고 84.6만 원만 재투자할 수 있습니다. 연금저축계좌는 100만 원 전액을 재투자할 수 있습니다.

15.4만 원 차이가 작아 보이지만, 40년 50년 복리로 쌓이면 엄청난 차이가 됩니다.

10세 자녀에게 연금저축계좌를 만들어주고 2,000만 원을 증여했다고 가정해봅시다. 배당수익률 10% ETF에 투자하고, 배당금을 전액 재투자합니다.

- 일반 계좌   50년 후 약 18억 원
- 연금저축계좌   50년 후 약 23억 5,000만 원

평생 월 500만 원 받는 월배당 ETF

단순화해서 계산을 하면 약 5억 5,000만 원 차이가 납니다. 과세이연 효과입니다. 물론 나중에 연금으로 받을 때 세금을 냅니다. 하지만 세율이 3.3~5.5%로 낮습니다. 그리고 연금저축계좌라도 55세까지 인출을 못하는 것은 아닙니다. 세액공제를 받지 않은 원금은 아무런 불이익 없이 언제든지 인출이 가능합니다.

실전 포트폴리오

〈투자 비중〉

- 성장주 반도체, 빅테크   30%
- 성장주 나스닥100   40%
- 성장주 S&P500   10%
- 배당주   20%

〈종목 구성 예시〉

- KODEX 미국AI테크TOP10   10%
- TIGER 미국테크TOP10 INDXX   10%
- TIGER 미국필라델피아AI반도체나스닥   10%
- TIGER 미국나스닥100   20%
- KODEX 미국나스닥100   20%
- KODEX 미국S&P500   5%
- TIGER 미국S&P500   5%

- TIGER 미국배당다우존스 (월초 배당)　　　　　　　　5%

- KODEX 미국배당다우존스 (월중순 배당)　　　　　　5%

- KODEX 미국AI테크TOP10타겟커버드콜 (월초 배당)　5%

- TIGER 미국테크TOP10타겟커버드콜 (월중순 배당)　5%

* 상기 종목은 예시이며, 실제로는 자신의 성향에 맞는 종목을 편입합니다.

하나의 예시이며, 제 자녀의 경우에는 최전방 공격수 역할의 성장주 파트에서 좀 더 변동성이 높은 빅테크, 기술주, 그리고 KODEX 미국서학개미 같은 종목도 일부 투자하고 있습니다. 자녀가 현재 미국 주식에 직접투자를 하고 있지 않기 때문에, 서학개미들이 가장 많이 투자하는 종목들로 구성된 KODEX 미국서학개미 ETF를 포트폴리오에 일부 편입한 것입니다.

이 안정성을 좀 더 선호할 경우엔 최전방 공격수의 비중을 줄이고, 공격수(나스닥100)와 미드필더(S&P500)의 비중을 늘리는 것도 좋은 방법입니다.

미성년 자녀에게 투자 계좌를 만들어주는 건 단순히 돈을 불려주는 게 아닙니다. 자본주의 교육입니다. 돈이 돈을 버는 구조를 가르치는 겁니다. 복리의 마법을 체험하게 하는 겁니다.

어릴 때부터 투자를 배운 아이는 평생 돈 걱정을 덜 하게 됩니다. 노동소득만 의존하지 않습니다. 자본소득의 중요성을 압니다. 이게 부모가 자녀에게 줄 수 있는 가장 큰 선물입니다.

제가 직접 겪은 경험을 한 가지 공유하겠습니다. 제 연금계좌 한도가 모두 소진되어, 일반 계좌에서 국내 상장 미국 ETF를 일부 매수했습니다. 그런데 이 ETF에서 매매차익과 커버드콜 옵션프리미엄에 대한 배당소득세가 발생 했고, 이것이 제 금융소득종합과세와 건강보험료 등에 영향을 미치는 수준 이 됐습니다.

그래서 해당 자금을 자녀에게 일부 증여하기로 했습니다. 자녀의 일반 계좌 에는 국내 상장 미국 ETF가 없었기 때문에, 세금 부담을 분산할 수 있을 것 으로 생각했습니다.

그런데 예상치 못한 문제가 발생했습니다. 이 ETF를 자녀에게 이전하는 순 간, 부모인 저에게 배당소득세가 부과된 것이죠. 주식을 증여할 경우, 증여 시점에 평가 손익이 반영되어 부모에게 배당소득세가 과세되는 구조였던 것입니다.

따라서 자녀에게 국내 상장 미국 ETF를 증여할 경우, 평가 수익에 대해서 부모에게 배당소득세가 부과될 수 있다는 점을 유의해야 합니다.

배당투자 시작 전 마지막 체크리스트

배당투자를 시작하기 전, 반드시 점검해야 할 것들이 있습니다. 이 것들을 명확히 하지 않고 시작하면 중간에 흔들리거나 잘못된 길로 갈 수 있습니다. 마치 여행을 떠나기 전 목적지, 일정, 짐을 확인하는 것처럼 말이죠.

첫째, 투자 목적을 명확히 하자

왜 배당투자를 하려고 하나요? 이 질문에 명확한 답이 있어야 합니다.

은퇴 준비를 위해서인가요? 그렇다면 10년, 20년 후를 내다보는 장기 포트폴리오가 필요합니다. 월급 외 추가 소득이 목적인가요? 그렇다면 당장 현금흐름이 나오는 월배당 ETF 비중을 높여야 합니다. 경제적 자유가 목표인가요? 그렇다면 성장과 배당의 균형을 맞춰 복리 효과를 극대화해야 합니다.

목적이 다르면 전략도 달라집니다. 은퇴 준비자라면 안정성을 중시해야 하고, 젊은 직장인이라면 공격적인 성장주 비중을 높일 수 있습니다. 목적이 명확해야 포트폴리오를 제대로 만들 수 있습니다.

둘째, 투자 기간을 정하자

1~2년만 생각하는 건가요? 최소 3년 이상을 생각하는 건가요? 아니면 5년 이상 장기투자를 계획하는 건가요?

그리고 언제 인출할 예정인가요? 55세 이후인가요, 65세 이후인가요?

투자 기간을 설정해야 그에 맞는 계좌를 선택할 수 있습니다. 예를 들어 3년 정도의 단기라면 일반 계좌나 ISA 계좌가 적합합니다. 하지만 은퇴 자금처럼 10~30년 장기투자라면 연금저축이나 IRP와 같은 절세계좌가 훨씬 유리합니다. 세액공제 혜택도 받고, 장기간 복리 효과도 누릴 수 있으니까요.

투자 기간이 애매하면 계좌 선택도 애매해집니다. 명확히 정해야 합니다.

셋째, 투자 계좌를 정하자

어떤 계좌에서 투자할지를 결정해야 합니다. 같은 ETF라도 어느 계좌에서 사느냐에 따라 세금이 달라지기 때문입니다.

해외 직투로 미국 시장에 상장된 ETF를 사고 싶다면 해외주식계 좌가 필요합니다. 국내 상장 미국 ETF를 산다면 절세계좌인 ISA, 연 금저축, IRP 계좌를 사용하세요.

단, 국내 상장 국내 ETF를 산다면 일반 계좌를 사용합니다.

계좌 선택은 나중에 바꾸기 어렵습니다. 처음부터 신중하게 정해 야 합니다.

넷째, 배당 종목을 선정하세요

어떤 투자 목적이든, 투자 기간이든, 투자 계좌든 상관없이 가장 중 요한 것은 종목 선정입니다. 원금이 녹지 않으면서 매월 현금흐름을 창출해줄 수 있는 종목을 발굴하는 것이 핵심입니다.

배당률만 높다고 좋은 게 아닙니다. 배당률이 15%라도 원금이 매 년 10%씩 줄어든다면 결국 손해입니다. 반대로 배당률이 3%라도 원금이 매년 10%씩 성장한다면 장기적으로 훨씬 유리합니다.

종목 선정 기준은 앞에서 다룬 축구 포메이션을 참고하세요. 최전 방 공격수, 공격수, 미드필더, 수비수를 골고루 배치하는 것입니다.

다섯째, 배당금을 재투자하자

아직 인출 시기가 다가오지 않았다면 배당금을 재투자할수록 복리 효과가 나타납니다.

배당금을 받으면 기분이 좋습니다. '돈이 들어왔네!' 하면서 생활 비로 쓰고 싶은 유혹이 생깁니다. 하지만 쓰지 않고 재투자하면, 그

배당금이 또 배당금을 낳습니다. 복리의 마법이 시작되는 것입니다.

여섯째, 주가에 일희일비하지 말자

배당투자는 수량을 모아가는 투자입니다. 그래서 주가가 내렸다고 너무 힘들어할 필요가 없습니다.

하락도 기회입니다. 같은 돈으로 더 많은 수량을 모을 수 있으니까요. 한 주에 10만 원 하던 ETF가 8만 원으로 떨어졌다면? 같은 100만 원으로 10주 대신 12.5주를 살 수 있습니다. 수량이 늘어난 것입니다.

그리고 나중에 주가가 다시 오르면 어떻게 될까요? 늘어난 수량만큼 자산 가치가 더 커집니다.

물론 상승하면 더 좋습니다. 보유 자산이 증가하고 시세차익까지 붙으니까요. 하지만 하락도 나쁘지 않다는 마음가짐을 가지세요. 배당투자는 단기 수익률 게임이 아니라 장기 수량 쌓기 게임입니다.

일곱째, 본인 성향에 맞는 종목을 찾자

남들이 좋다고 하는 것은 그 사람의 상황에 맞는 것입니다. 즉, 남에게 맞는 옷이 나에게 안 맞을 수 있습니다. 나에게 맞는 옷, 나에게 맞는 종목을 찾는 것이 가장 좋습니다.

PART
8
궁금합니다,
배당 ETF 투자
Q&A

Q 종잣돈이 적어도 시작할 수 있나요?

A 네, 10만 원부터도 시작할 수 있습니다.

배당투자는 큰돈이 필요하지 않습니다. ETF는 주당 1만~2만 원이면 살 수 있습니다. 10만 원이면 여러 종목을 살 수 있습니다. 종잣돈이 적어도 상관없습니다. 오랫동안 꾸준히 투자하고, 받은 배당금을 재투자하면 복리 효과로 자산이 눈덩이처럼 불어납니다. 중요한 건 금액이 아니라 빨리 시작하는 것, 그리고 꾸준함입니다.

Q 배당금은 어디로 입금되나요?

A 배당금은 배당지급일에 투자했던 계좌로 입금됩니다. 만일 일반 계좌에서 투자를 했으면 일반 계좌로 입금되고, ISA 계좌에서 투자를 했으면 ISA 계좌로 입금됩니다.

Q 월배당 ETF의 배당금은 매달 똑같이 나오나요?

A 배당금은 매월 달라질 수 있습니다.

ETF가 담고 있는 기초자산의 배당금이 매월 다르고, 커버드콜 전략 등을 사용하는 옵션프리미엄의 경우도 달라질 수 있습니다. 또 주가가 상승하면 배당금이 늘어날 수 있고, 주가가 하락하면 배당금이 줄어들 수도 있습니다.

만약 매수 시점에서 주당 1만 원인 ETF가 연 예상 배당률이 12%인 경우 월 1% 수준으로 주당 약 100원을 예상할 수 있습

평생 월 500만 원 받는 월배당 ETF

니다.

그런데 주가가 상승해서 2만 원이 되었다면, 월 1% 수준으로 주당 약 200원의 배당금을 예상할 수 있습니다. 반대로 주가가 하락해서 5,000원이 되었을 경우 월 1% 수준으로 주당 약 50원의 배당금을 예상할 수 있습니다.

이렇게 배당금은 달라질 수 있습니다. 그래서 ETF 홈페이지에서 배당금 확정 공시를 확인하셔야 합니다.

Q **레버리지나 인버스 상품에 투자해도 될까요?**

A 레버리지 ETF는 기초지수의 변동성에 2배, 3배 등으로 변동하는 ETF입니다.

예를 들어 KODEX 레버리지는 코스피200 지수가 1% 상승 시에 2% 상승하고, 코스피200 지수가 1% 하락 시에 2% 하락하게끔 설계되어 있습니다.

레버리지 ETF는 일 년에 한두 번, 시장이 크게 하락하여 저평가되어 있을 때 투자하는 것도 고려할 수 있습니다. 다만 나스닥100, S&P500, 코스피 같은 주요 지수 관련 상품만 선택합니다. 이유는 이러한 지수들은 하락의 한계치가 존재하기 때문입니다.

인버스 ETF는 기초지수가 1% 상승할 때 반대로 1% 하락하는 구조이며, 기초지수가 1% 하락할 때 반대로 1% 상승하는 구조입니다.

즉, 시장이 하락할 것으로 예상할 경우 인버스 ETF를 투자할 수

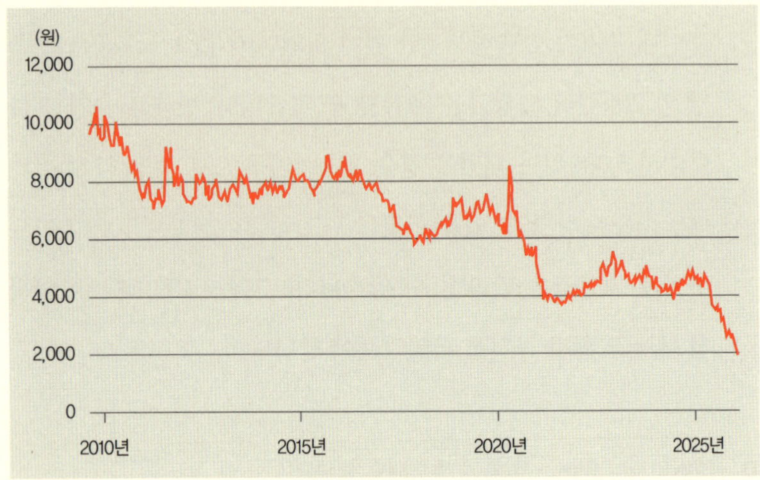

는 있으나, 인버스 ETF는 장기투자 시 큰 리스크가 있습니다.

위는 KODEX 인버스 ETF의 주가 그래프입니다. 코스피200 지수가 하락하면 상승하는 ETF이며, 2009년 주당 약 1만 원에 상장 후 2025년 말까지 장기적으로 하락하여 약 2,000원대에 머물고 있습니다. 인버스 ETF는 장기투자에 적합하지 않습니다.

Q 커버드콜 ETF에 투자하면 원금이 녹는다는 이야기가 있습니다. 어떤 경우인가요?

A 원금이 감소하는 경우는 크게 두 가지입니다.

먼저 원금이 녹는, 즉 감소하는 경우는 주가가 하락하는 경우입니다. 이 경우는 일반 ETF, 주식 모두에게 해당되는 것입니다.

그리고 또 하나의 경우는 ETF가 기초자산의 상승분에 비해서

평생 월 500만 원 받는 월배당 ETF

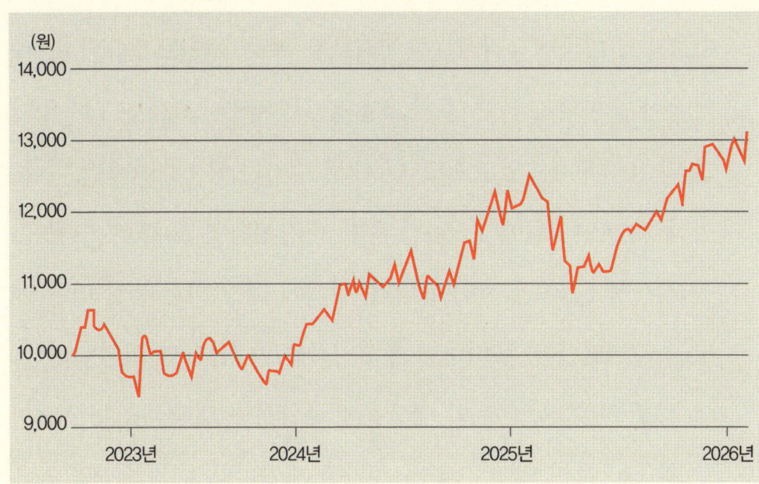

배당금이 높은 경우 투자원금이 감소될 수 있습니다.

예를 들어 미국 S&P500을 기초자산으로 하는 ETF에서 연 배당률을 30%로 하는 경우, 배당금은 많이 받을 순 있지만 투자원금은 마이너스가 될 가능성이 큽니다. 이유는 기초자산인 미국 S&P500이 연간 30%씩 상승할 가능성은 매우 적기 때문입니다.

그래서 저는 원금이 유지되거나 장기적으로 조금씩 우상향할 수 있는 월배당 ETF를 선별하는 데 집중합니다.

제가 선별하는 방법 중의 하나를 알려드립니다. 먼저 주가를 볼 때 2가지 방법이 있습니다.

한 가지 방법은 수정주가로 배당금이 포함된 주가 흐름입니다.

다른 한 가지 방법은 배당금이 포함되지 않은 주가 흐름입니다.

저는 이 경우 배당금이 포함되지 않은 주가 흐름을 확인합니다.

그래야만 원금이 녹는지 우상향하는지 판단할 때 도움이 됩니다. KODEX 미국배당커버드콜액티브를 예로 들어보겠습니다. 배당금이 포함되지 않은 주가 흐름을 확인하면, 2024년 1월 주가는 약 10,000원이었고 2025년 12월 주가는 약 12,650원입니다. 만약 2024년 1월에 1,000만 원을 투자했다면 2025년 12월 말 원금은 약 1,265만 원이 됩니다. 여기에 해당 기간 동안 받은 배당금 약 206만 원을 더하면 총수익금은 약 1,471만 원입니다. 이 경우 연 약 8~10%의 배당률에 해당하는 배당금을 받으면서도 원금이 녹지 않고 오히려 증가한 것입니다. 이렇게 배당금을 제외한 주가 흐름을 보면 장기투자 시 원금이 증가하는지 감소하는지를 좀더 객관적으로 구별할 수 있습니다.

Q ISA, 연금저축, IRP 중 어떤 걸 써야 할까요?

A 순서대로 다 채우세요. 세액공제가 중요할 경우, 1순위 연금저축, 2순위 IRP, 3순위 ISA입니다.

연금저축부터 시작하는 이유는 세액공제 혜택이 즉시 적용되고, 급할 때 일부 해지가 가능하기 때문입니다. 연 600만 원까지 납입 가능하고 16.5%(또는 13.2%) 세액공제를 받습니다. 그러면 연간 최대 99만 원(또는 약 79만 원)을 환급받습니다. 게다가 배당소득세가 과세이연되어 복리 효과를 극대화할 수 있습니다. 만약 급하게 돈이 필요하면 일부 금액을 중도 인출할 수 있다는 점도 장점입니다.

　　　　　　　　　　평생 월 500만 원 받는 월배당 ETF

연금저축을 채웠다면 다음은 IRP입니다. IRP는 연금저축과 합산해 연 900만 원까지 세액공제를 받을 수 있습니다. 연금저축 600만 원 + IRP 300만 원을 납입하면 세액공제 한도 900만 원을 채울 수 있습니다. 다만 IRP는 연금저축과 달리 중도 해지 시 제약이 더 많기 때문에 연금저축을 먼저 채우는 것이 유리합니다.

연금저축과 IRP를 모두 채웠다면 마지막으로 ISA입니다. 의무 보유 기간이 3년으로 연금계좌보다 짧고, 비과세 혜택이 있습니다. 서민형이라면 연 400만 원까지, 일반형이라면 연 200만 원까지 배당금이 비과세됩니다. 초과분도 9.9% 분리과세로 일반계좌의 15.4%보다 훨씬 낮습니다. ISA는 연 2,000만 원까지 납입 가능하며, 만기 후에는 연금계좌로 이체하면 추가 세액공제 혜택까지 받을 수 있습니다.

Q 국내 상장 미국 ETF의 매매차익에 부과되는 배당소득세 15.4%를 줄이는 방법은?

A 절세계좌를 최대한 활용하는 게 유일한 방법입니다. 일반 계좌에서 국내 상장 미국 ETF의 매매차익은 무조건 배당소득세 15.4%가 적용됩니다. 이건 피할 수 없습니다. 하지만 절세계좌를 쓰면 크게 줄일 수 있습니다.

ISA 계좌를 예로 들어볼까요? 연간 매매차익이 500만 원이라고 가정합시다. 일반 계좌라면 500만 원 × 15.4% = 77만 원이 원천징수됩니다. 하지만 ISA의 경우 이 세금이 원천징수되지 않고 과세이연됩니다.

그리고 3년 만기 해지 시 일반형이라면 200만 원은 비과세가 적용되어, 300만 원에만 9.9% 분리과세를 적용해 약 30만 원만 납부합니다. 절세액이 약 47만 원입니다.

또 중요한 것은 ISA 계좌에서는 분리과세가 적용되므로 현재 건보료, 종합소득세 등에 영향을 미치지 않는다는 점입니다.

연금저축과 IRP 계좌 역시 과세이연이 적용되고, 55세 이후 연금 수령 시 3.3~5.5% 저율과세가 적용됩니다.

Q 미국 상장 ETF vs 국내 상장 ETF, 세금 차이는?

A 먼저 세금 구조를 정리하면 이렇습니다.

미국 상장 ETF의 경우 매도 시 연간 250만 원 공제 후 수익금에 22%의 양도소득세가 부과됩니다.

국내 상장 미국 ETF의 경우 매매차익에 배당소득세 15.4%가 적용됩니다.

다만 절세계좌에서는 앞서 설명했듯이 과세이연, 분리과세, 저율과세 등의 혜택을 볼 수 있습니다.

그래서 절세계좌에서는 연간 최대 한도 3,800만 원까지 투자하고, 초과분은 미국 상장 ETF에 투자하는 게 유리합니다.

(절세계좌 연간 납입 한도: ISA 계좌 2,000만 원, 연금저축+IRP 1,800만 원)

  평생 월 500만 원 받는 월배당 ETF

Q 연금저축계좌에서 투자하지 말아야 하는 ETF가 있나요?

A 국내주식형 ETF는 연금저축계좌보다 일반 계좌에서 투자하는 게 유리합니다.

국내주식형 ETF의 경우 매매차익이 비과세입니다. 예를 들어 KODEX 200, TIGER 200 같은 경우 일반계좌에서 투자할 경우 매매차익 수익이 1,000만 원이 발생해도 세금이 없습니다.

그런데 만일 연금저축계좌에서 투자한 후 매매차익 수익이 1,000만 원이 발생할 경우, 운용수익금에 대해서 향후 인출 시점에서 3.3~5.5%의 저율과세가 적용됩니다. 즉, 일반계좌에서 투자했다면 내지 않아도 되는 세금을 연금저축계좌에서 투자해서 오히려 세금을 내게 되는 겁니다.

그래서 ETF별 과세 체계를 잘 확인하는 것이 중요합니다.

Q ISA 계좌가 3년 만기되면 해지하고 연금저축계좌로 이전하여 세액공제를 받는 것이 유리할까요?

A 개인 상황에 따라 다릅니다.

ISA 계좌에서 만기 후 이전할 때 분리과세 9.9% 이후 금액이 이전됩니다. 즉, 과세 금액이 만약 1억 200만 원인 경우, 일반형 200만 원 비과세 공제 후 1억 원에 대해서 9.9% 분리과세를 하기 때문에 약 1,000만 원의 세금을 제하고 연금계좌로 이전되는 것입니다.

ISA 계좌를 해지하지 않을 경우 해당 1,000만 원까지 계속 운용

할 수 있습니다. 3년 만기되었다고 반드시 이전을 해야 할 이유
는 없습니다.

그래서 수익금, 세액공제, 자금 관리 상황 등에 따라 만기 해지
후 이전할지, 지속 유지할지를 결정하는 것이 필요합니다.

Q **배당락일 전에 사야 하나요, 후에 사야 하나요?**

A 장기투자자라면 상관없습니다.

배당락일을 먼저 이해해야 합니다. 예를 들어 3월 31일이 배당
기준일이라면 3월 30일이 배당락일입니다. 3월 30일 이전에 매
수했다면 3월 배당금을 받고, 배당락일인 3월 30일에 매수했다
면 3월 배당금을 못 받습니다.

그리고 배당락일에는 이론적으로 배당금만큼 주가가 하락합니
다. 하지만 시장이 좋을 때는 배당락일에 주가가 상승해서 배당
락 하락분을 채워주는 경우가 종종 있습니다. 반대로 시장이 안
좋을 때는 배당락일에 배당금만큼 주가가 하락한 상태에서 추
가로 더 하락할 수도 있습니다.

하지만 타이밍을 선택하는 것은 장기투자에서는 큰 의미가 없
습니다.

Q **커버드콜보다 본주가 수익이 좋은데, 왜 커버드콜에 투자하나요?**

A 실제로 커버드콜보다 본주의 총수익률이 더 좋은 것은 사실입
니다. 다만 총수익률의 차이는 커버드콜 유형에 따라 상당히 다

평생 월 500만 원 받는 월배당 ETF

릅니다.

과거 1세대 커버드콜의 경우 옵션 매도 비중이 매우 높아서 기초지수 상승분을 제대로 따라가지 못했고, 그만큼 본주와의 총수익률 격차가 컸습니다. 반면 3세대 커버드콜의 경우 옵션 매도 비중을 10% 수준으로 제한하는 경우가 많아, 일부 상품은 총수익률이 본주와 거의 근접한 경우도 많습니다.

그렇다면 커버드콜 월배당 ETF는 어떤 경우에 유용할까요? 구체적인 사례를 들어보겠습니다.

어떤 투자자가 나스닥100에 100% 투자하고 싶지만, 변동성이 너무 크고 하락장을 견디기 힘들 것 같아 나스닥100 50%, S&P500 50%로 나눠 투자하기로 결정했다고 가정해봅시다. 장기적으로는 나스닥100에 100% 투자하는 것이 성과가 더 좋을 것이라는 걸 알지만, 심리적 부담이 큽니다. 이럴 때 나스닥100 50%, S&P500 30%, 나스닥100커버드콜 20%로 포트폴리오를 재구성하는 방법이 있습니다.

나스닥100커버드콜은 상승장에서 S&P500 본주보다 총수익률이 좋은 경우가 많습니다. 게다가 나스닥의 높은 변동성에도 불구하고 매월 현금흐름이 발생하기 때문에 20% 정도 추가하는 것이 심리적으로 부담이 적습니다.

저는 커버드콜 월배당 ETF를 권할 때 옷처럼 자기 치수보다 '한 치수 큰 것'을 사라고 말합니다. S&P500이 편하다면, S&P500만 고집하기보다는 나스닥100커버드콜처럼 조금 더 공격적인 자산에도 투자해보라는 것입니다. 나스닥100 본주에 그대로 투자하면 변동성이 부담스러울 수 있지만, 커버드콜 월배당이라는 심리적 안전장치를 활용하면 조금 더 공격적인 자산을 견딜 수 있게 됩니다.

모든 투자 상품은 좋고 나쁨의 문제가 아니라, 어떻게 활용하느냐의 차이입니다.

"투자는 행군이 아니라 여행입니다.
서두르지 않아도 길을 알고 있다면 반드시 도착합니다."

오늘 받은 배당금이 내일의 투자금이 되어
다시 돈을 낳는 기적.
인생의 계절에 맞춰 속도를 조절하되,
걷기를 멈추지만 않는다면
여러분의 여행은 반드시 풍요로울 것입니다.

부록
배당의만장이 엄선한
핵심 ETF 100
(2025-2026)

구분	종목명	종목 코드	매매차익과세여부	운용사
코스피	KODEX 200	069500	비과세	삼성자산운용
코스피	TIGER 200	102110	비과세	미래에셋자산운용
코스닥	KODEX 코스닥150	229200	비과세	삼성자산운용
코스닥	TIGER 코스닥150	232080	비과세	미래에셋자산운용
나스닥	TIGER 미국나스닥100	133690	보유기간과세	미래에셋자산운용
나스닥	KODEX 미국나스닥100	379810	보유기간과세	삼성자산운용
S&P500	KODEX 미국S&P500	379800	보유기간과세	삼성자산운용
S&P500	TIGER 미국S&P500	360750	보유기간과세	미래에셋자산운용
S&P500	TIGER 미국S&P500동일가중	488500	보유기간과세	미래에셋자산운용
S&P500	KIWOOM 미국S&P500모멘텀	0137V0	보유기간과세	키움투자자산운용
S&P500	KIWOOM 미국S&P500&GOLD	0137W0	보유기간과세	키움투자자산운용
반도체	TIGER 반도체TOP10	396500	비과세	미래에셋자산운용
반도체	KODEX 반도체	091160	비과세	삼성자산운용
반도체	TIGER 미국필라델피아반도체나스닥	381180	보유기간과세	미래에셋자산운용
반도체	KODEX 미국반도체	390390	보유기간과세	삼성자산운용
휴머노이드로봇	KODEX 로봇액티브	445290	비과세	삼성자산운용
휴머노이드로봇	TIGER 코리아휴머노이드로봇산업	0148J0	비과세	미래에셋자산운용
휴머노이드로봇	RISE AI&로봇	469070	비과세	KB자산운용
휴머노이드로봇	TIGER 차이나휴머노이드로봇	0053L0	보유기간과세	미래에셋자산운용
휴머노이드로봇	KODEX 차이나휴머노이드로봇	0048K0	보유기간과세	삼성자산운용
휴머노이드로봇	KODEX 미국휴머노이드로봇	0038A0	보유기간과세	삼성자산운용
우주항공	PLUS 우주항공&UAM	421320	비과세	한화자산운용
우주항공	1Q 미국우주항공테크	0131V0	보유기간과세	하나자산운용
방산	PLUS K방산	449450	비과세	한화자산운용
방산	TIGER K방산&우주	463250	비과세	미래에셋자산운용
방산	KODEX K방산TOP10	0080G0	비과세	삼성자산운용

구분	종목명	종목 코드	매매차익과세여부	운용사
그룹주	KODEX 삼성그룹	102780	비과세	삼성자산운용
	TIGER 현대차그룹플러스	138540	비과세	미래에셋자산운용
	PLUS 한화그룹주	0000J0	비과세	한화자산운용
금(GOLD)	TIGER KRX금현물	0072R0	보유기간과세	미래에셋자산운용
	ACE KRX금현물	411060	보유기간과세	한국투자신탁운용
	KODEX 금액티브	0064K0	보유기간과세	삼성자산운용
	SOL 국제금	0066W0	보유기간과세	신한자산운용
	HANARO 글로벌금채굴기업	473640	보유기간과세	NH-Amundi
서학,동학	KODEX 미국서학개미	473460	보유기간과세	삼성자산운용
	RISE 동학개미	0138D0	비과세	KB자산운용
TDF	KODEX TDF2050액티브	434060	보유기간과세	삼성자산운용
	TIGER TDF2045	0025N0	보유기간과세	미래에셋자산운용
채권혼합	1Q 미국나스닥100미국채혼합50액티브	0111P0	보유기간과세	하나자산운용
	1Q 미국S&P500미국채혼합50액티브	0052S0	보유기간과세	하나자산운용
	PLUS 금채권혼합	0138Y0	보유기간과세	한화자산운용
머니마켓	KODEX 머니마켓액티브	488770	보유기간과세	삼성자산운용
	TIGER 머니마켓액티브	0043B0	보유기간과세	미래에셋자산운용
	RISE 머니마켓액티브	455890	보유기간과세	KB자산운용
	KODEX 미국머니마켓액티브	0048J0	보유기간과세	삼성자산운용
글로벌	TIGER 일본니케이225	241180	보유기간과세	미래에셋자산운용
	TIGER 차이나CSI300	192090	보유기간과세	미래에셋자산운용
	KODEX 인도Nifty50	453810	보유기간과세	삼성자산운용
	ACE 베트남VN30(합성)	245710	보유기간과세	한국투자신탁운용
	KODEX MSCI선진국	251350	보유기간과세	삼성자산운용

* 보유기간과세란?

보유기간 중 발생한 이익에 대해 과세한다는 의미이며, 국내 상장 국내 ETF(주식형)는 매매차익이 비과세이며, 그 외의 경우 ETF 매도 시 발생되는 매매차익과 과표기준가 증가분 중 적은 금액에 15.4% 배당소득세를 과세합니다.

종목명	종목 코드	연 예상 배당률	배당 지급시기	매매차익 과세여부	운용사
미국 배당					
TIGER 미국배당다우존스	458730	3.5~4%	월초	보유기간과세	미래에셋 자산운용
SOL 미국배당다우존스	446720	3.5~4%	월초	보유기간과세	신한자산 운용
PLUS 미국고배당주액티브	0153X0	4~5%	월초	보유기간과세	한화자산 운용
KIWOOM 미국고배당&AI테크	0107F0	3.5~4%	월초	보유기간과세	키움투자 자산운용
KIWOOM 미국S&P500& 배당다우존스비중전환	0127T0	2.5~4%	월초	보유기간과세	키움투자 자산운용
KIWOOM 미국S&P500TOP10& 배당다우존스비중전환	0127V0	2~3%	월초	보유기간과세	키움투자 자산운용
1Q 미국배당TOP30	0004G0	3.5~4%	월초	보유기간과세	하나자산 운용
KODEX 미국배당다우존스	489250	3.5~4%	월중순	보유기간과세	삼성자산 운용
ACE 미국배당다우존스	402970	3.5~4%	월중순	보유기간과세	한국투자 신탁운용
RISE 미국고배당다우존스TOP10	0115C0	3.5~4%	월중순	보유기간과세	KB자산 운용
미국 커버드콜 배당					
KODEX 미국AI테크TOP10 타겟커버드콜	483280	15%	월초	보유기간과세	삼성자산 운용
RISE 미국AI밸류체인데일리고정 커버드콜	490590	12~20%	월초	보유기간과세	KB자산 운용
TIGER 미국나스닥100커버드콜(합성)	441680	12%	월초	보유기간과세	미래에셋 자산운용
TIGER 미국나스닥100타겟데일리 커버드콜	486290	15%	월초	보유기간과세	미래에셋 자산운용
RISE 미국테크100데일리고정 커버드콜	491620	12~20%	월초	보유기간과세	KB자산 운용
KODEX 미국나스닥100데일리 커버드콜OTM	494300	15~20%	월초	보유기간과세	삼성자산 운용

종목명	종목 코드	연 예상 배당률	배당 지급시기	매매차익 과세여부	운용사
KODEX 미국성장커버드콜액티브	0144L0	12%	월초	보유기간과세	삼성자산운용
TIGER 미국S&P500타겟데일리커버드콜	482730	10%	월초	보유기간과세	미래에셋자산운용
SOL 미국500타겟데일리커버드콜액티브	494210	12%	월초	보유기간과세	신한자산운용
KODEX 미국S&P500데일리커버드콜OTM	0005A0	15%	월초	보유기간과세	삼성자산운용
RISE 미국S&P500데일리고정커버드콜	0138T0	12%	월초	보유기간과세	KB자산운용
TIGER 미국배당다우존스타겟커버드콜2호	458760	10~11%	월초	보유기간과세	미래에셋자산운용
KODEX 미국배당다우존스타겟커버드콜	483290	12%	월초	보유기간과세	삼성자산운용
ACE 미국배당퀄리티+커버드콜액티브	0049M0	6~8%	월초	보유기간과세	한국투자신탁운용
TIGER 미국테크TOP10타겟커버드콜	474220	10%	월중순	보유기간과세	미래에셋자산운용
TIGER 미국AI빅테크10타겟데일리커버드콜	493810	15%	월중순	보유기간과세	미래에셋자산운용
ACE 미국반도체데일리타겟커버드콜(합성)	480040	15%	월중순	보유기간과세	한국투자신탁운용
ACE 미국빅테크7+데일리타겟커버드콜(합성)	480020	15%	월중순	보유기간과세	한국투자신탁운용
ACE 미국500데일리타겟커버드콜(합성)	480030	15%	월중순	보유기간과세	한국투자신탁운용
KODEX 미국배당커버드콜액티브	441640	8~10%	월중순	보유기간과세	삼성자산운용
TIGER 미국배당다우존스타겟데일리커버드콜	0008S0	12%	월중순	보유기간과세	미래에셋자산운용
국내 배당					
PLUS 고배당주	161510	4~5%	월초	비과세	한화자산운용
TIGER 은행고배당플러스TOP10	466940	4~5%	월초	비과세	미래에셋자산운용

종목명	종목 코드	연 예상 배당률	배당 지급시기	매매차익 과세여부	운용사
KODEX 고배당주	279530	4~5%	월초	비과세	삼성자산운용
KIWOOM 한국고배당&미국AI테크	0097L0	3~4%	월초	보유기간과세	키움투자자산운용
TIGER 코리아배당다우존스	0052D0	4~5%	월중순	비과세	미래에셋자산운용
KODEX 금융고배당TOP10	0089D0	3~4%	월중순	비과세	삼성자산운용
PLUS 자사주매입고배당주	0098N0	4~5%	월중순	비과세	한화자산운용
SOL 코리아고배당	0105E0	5~6%	월중순	비과세	신한자산운용
KIWOOM 고배당	104530	3~4%	월중순	비과세	키움투자자산운용
국내 커버드콜 배당					
TIGER 배당커버드콜액티브	472150	20%	월초	보유기간과세	미래에셋자산운용
RISE 200위클리커버드콜	475720	15~18%	월초	보유기간과세	KB자산운용
KODEX 금융고배당TOP10 타겟위클리커버드콜	498410	15%	월초	보유기간과세	삼성자산운용
TIGER 코리아배당다우존스위클리 커버드콜	0104P0	10~12%	월초	보유기간과세	미래에셋자산운용
KODEX 200타겟위클리커버드콜	498400	17%	월중순	보유기간과세	삼성자산운용
TIGER 200타겟위클리커버드콜	0104N0	7%	월중순	보유기간과세	미래에셋자산운용
PLUS 고배당주위클리고정커버드콜	0018C0	15%	월중순	보유기간과세	한화자산운용
국내 리츠					
TIGER 리츠부동산인프라	329200	8~9%	월초	비과세	미래에셋자산운용
KODEX 한국부동산리츠인프라	476800	8~9%	월중순	비과세	삼성자산운용

타미당	TIGER 미국배당다우존스	458730
코미당	KODEX 미국배당다우존스	489250
에미당	ACE 미국배당다우존스	402970
솔미당	SOL 미국배당다우존스	446720
타코당	TIGER 코리아배당다우존스	0052D0
라고당	RISE 미국고배당다우존스TOP10	0115C0
타미당2호	TIGER 미국배당다우존스타겟커버드콜2호	458760
코금커	KODEX 금융고배당TOP10타겟위클리커버드콜	498410
타코당커	TIGER 코리아배당다우존스위클리커버드콜	0104P0
타미당커	TIGER 미국배당다우존스타겟데일리커버드콜	0008S0
미배커	KODEX 미국배당커버드콜액티브	441640
미성커	KODEX 미국성장커버드콜액티브	0014L0
코2커(코이커)	KODEX 200타겟위클리커버드콜	498400
타2커(타이커)	TIGER 200타겟위클리커버드콜	0104N0
라2커(라이커)	RISE 200위클리커버드콜	475720
타배커	TIGER 배당커버드콜액티브	472150
키움미고아	KIWOOM 미국고배당&AI테크	0107F0
키움한고아	KIWOOM 한국고배당&미국AI테크	0097L0
키비전	KIWOOM 미국S&P500&배당다우존스비중전환	0127T0
키비전텐	KIWOOM 미국S&P500TOP10&배당다우비중전환	0127V0
채혼	채권혼합	.
나채혼	나스닥100채권혼합	.

평생 월 500만 원 받는
월배당 ETF

1판 1쇄 발행　2026년 3월 23일
1판 5쇄 발행　2026년 4월 30일

지은이　　배당의만장
펴낸이　　박혜정, 윤효진

펴낸곳　　노티스
주소　　　서울특별시 서대문구 충정로 53, 1317호
전화　　　02) 6749-8007
팩스　　　02) 6749-8008
출판등록　제2026-000008호

ⓒ 배당의만장, 2026
ISBN　979-11-997473-0-2　(03320)